westermann

Fritz Burkhardt, Heike Hinsch, Wilhelm Kostede, Heiko Wesseloh

Beleggeschäftsgang – taufrisch – Säfte & mehr

Rechnungswesenkompetenz handlungsorientiert erarbeiten

3. Auflage

Bestellnummer 104854

mit Webcode im Buch
Buch +Web

Zu diesem Produkt sind digitale Zusatzmaterialien kostenlos online für Sie erhältlich. Sie können diese ganz einfach über die Eingabe des nachfolgenden Codes im Suchfeld unter www.westermann.de abrufen.

BVE-104854-003

Bildquellenverzeichnis
fotolia.com, New York: kraska 27.1, 73.1, 147.1; Reichartz, Hans-Peter 29.1, 49.1, 99.1, 107.1, 121.1; Stumpf, Michael 45.1, 75.1, 129.1; Tasosk 31.1, 101.1, 127.1, 135.1, 137.1. |stock.adobe.com, Dublin: contrastwerkstatt Titel.

Die Seiten dieses Arbeitshefts bestehen zu 100 % aus Altpapier.
Damit tragen wir dazu bei, dass Wald geschützt wird, Ressourcen geschont werden und der Einsatz von Chemikalien reduziert wird. Die Produktion eines Klassensatzes unserer Arbeitshefte aus reinem Altpapier spart durchschnittlich 12 Kilogramm Holz und 178 Liter Wasser, sie vermeidet 7 Kilogramm Abfall und reduziert den Ausstoß von Kohlendioxid im Vergleich zu einem Klassensatz aus Frischfaserpapier. Unser Recyclingpapier ist nach den Richtlinien des Blauen Engels zertifiziert.

Druck und Bindung: Westermann Druck GmbH, Georg-Westermann-Allee 66, 38104 Braunschweig

ISBN 978-3-14-104854-4

Vorwort

Liebe Schülerinnen und Schüler,

Rechnungswesenkompetenz heißt nicht nur, Belege richtig zu interpretieren, zu Buchungen umzuformen und die Vorgänge zu dokumentieren, sondern vor allem, die entsprechenden Daten betriebswirtschaftlich zu interpretieren und zur Grundlage betriebswirtschaftlicher Entscheidungen zu machen.

Der Beleggeschäftsgang *taufrisch – Säfte & mehr* enthält neben einer ausführlichen Beschreibung des Unternehmens sämtliche Belege der ersten drei Monate der Existenz des Unternehmens. Gegründet von Tina Fröhlich mit einem Eigenkapital von 1.000,00 €, das sie bar eingelegt hat, versorgt sie mit ihrem Team die Kunden des Einkaufszentrums „Hamburg-West" mit frisch gepressten Säften.

Mit diesem Beleggeschäftsgang können Sie Ihre Rechnungswesenkompetenz handlungsorientiert stärken, indem Sie mithilfe grundlegender Buchführungskenntnisse

- die Belege richtig lesen, sortieren und interpretieren,
- die Belege kontieren und im Grund- und Hauptbuch buchen, d. h. Buchungssätze bilden und auf T-Konten buchen,
- unter Anwendung einer entsprechenden Software buchen und auswerten (eingerichtete Buchführungen mit LEXWARE oder DATEV liegen zum Download bereit),
- betriebswirtschaftliche Auswertungen analysieren und interpretieren.

Bereits die 2. Auflage dieses Werkes ist um die Belege zum Jahresabschluss deutlich erweitert worden. Damit konzentriert sich die Überarbeitung für die 3. Auflage auf allgemeine Korrekturen und sprachliche Anpassungen.

Ganz unabhängig von anderen Lehrwerken lässt sich mit dem Beleggeschäftsgang *taufrisch – Säfte & mehr* völlig eigenständig arbeiten: buchen, den Jahresabschluss erstellen und die gewonnenen Daten betriebswirtschaftlich auswerten. Dabei ist es unerheblich, ob auf T-Konten gebucht wurde oder mit einer der vorbereiteten Finanzbuchführungen.

Die vorbereiteten Finanzbuchführungen liegen zum Download unter www.westermann.de bereit. Hier finden Sie kostenfrei auch weitere ergänzende Inhalte zu diesem Band. Web

Wir wünschen viel Spaß beim Buchen und Auswerten und freuen uns über konstruktive Rückmeldungen. Für Anregungen und Kritik sind wir nach wie vor sehr dankbar.

Hamburg/Köln, Frühjahr 2024

Autoren und Verlag

Inhaltsverzeichnis

Vorwort ... 3

Das Unternehmen ... 5

Belege Juli ... 9

Belege August ... 67

Belege September ... 111

Belege Jahresabschluss ... 153

Unternehmensmodelle und Kontenpläne ... 185

Das Unternehmen

taufrisch – Säfte & mehr

Tina Fröhlich hat vor geraumer Zeit ihre Ausbildung erfolgreich abgeschlossen und hegt nun den sehnlichen Wunsch, sich selbstständig zu machen. Aus frischen Früchten will sie für ihre Kunden Säfte pressen.

Eine Fläche im Einkaufszentrum „Hamburg West“ hat sie schon gefunden und über das Center-Management bei der „Immobilienverwaltung Steffen“ angemietet. Strom- und Wasseranschluss sind vorhanden, die Kosten dafür in der vereinbarten Miete enthalten.

Das Management ist von ihrem Vorhaben ganz angetan, weil sie mit der Idee einer Getränkeversorgung der Center-Kundschaft an ihrem Saftstand sehr gut in das Konzept des Einkaufscenters passt. Es hat ihr deshalb auch geholfen, das entsprechende Equipment bei der Norddeutschen Leasing GmbH zu leasen, sodass sie über Saftpressen und Zubehör, eine entsprechende Theke mit Kühlregal und Spülmaschine, Aufbewahrungsmöglichkeiten für das Frischobst, eine Kasse etc. verfügt.

Die erforderlichen behördlichen Genehmigungen liegen vor, die Anmeldungen bei der Gewerbeaufsicht und beim Finanzamt sind erledigt. Aus ihren Ersparnissen bringt sie 1.000,00 € in ihr Unternehmen ein, die sie in ihre geleaste Kasse legt.

Mit Unterstützung des Center-Managements konnte Tina Fröhlich schon zwei Großkunden finden, den „Fitness-Club Alstertal“ und die Kindertagesstätte „Kinderstube Eimsbüttel“. Sie hofft, dass sie die Säfte für diese Großkunden in der publikumsschwachen Zeit am frühen Vormittag pressen kann, um sie dann mittags auszuliefern. Sie braucht deshalb nicht nur ein Fahrzeug für die Lieferung der Säfte, sondern auch Personal, das ihren Stand betreut, wenn sie unterwegs ist und die Früchte einkauft oder die Säfte ausliefert. Natürlich müssen die Mitarbeitenden sie auch zu anderen Zeiten (Pausen, Urlaub, Krankheit) vertreten, zumal das Einkaufszentrum von Montag bis Samstag von 10.00 bis 20.00 Uhr geöffnet hat. Aushilfskräfte findet sie in ihrer Bekanntschaft, Simon Schumacher, Maria Goldbek und Alina Rauh, die als Studierende alle einen Aushilfsjob gut gebrauchen können. Deren Anmeldung als Minijob-Kräfte bei der Knappschaft Bahn-See ist bereits erfolgt. Ein Fahrzeug für die Auslieferung der Säfte an ihre Großkunden sowie zur kurzfristigen Beschaffung zusätzlicher Rohstoffe (Obst), hat sie beim Autohaus Süd ebenfalls schon geleast. Tina freut sich und ist voller Zuversicht, dass ihre Geschäftsidee funktionieren wird.

Das Schild, auf dem für alle deutlich lesbar das Versprechen prangt, dass alle Säfte frisch hergestellt werden und dass auch das verarbeitete Obst immer ganz frisch sein wird, taufrisch eben, ist fertig und wartet darauf, über dem Tresen montiert zu werden.

Am 1. Juli wird „taufrisch – Säfte & mehr“ eröffnet. Der Jahreszeit entsprechend will Tina Fröhlich zunächst folgende Produkte anbieten:

	Laufkundschaft		**Großabnehmer**	
Saftart	**Mengeneinheit**	**Preis**	**Mengeneinheit**	**Preis**
Orangensaft	0,2 l	2,00 €	1,0 l	6,80 €
Grapefruitsaft	0,2 l	2,50 €	1,0 l	8,00 €
Ananassaft	0,2 l	2,50 €	1,0 l	8,00 €
Apfelsaft	0,2 l	1,80 €	1,0 l	6,00 €
Kiwisaft	0,2 l	2,50 €		
Fliederbeersaft	0,2 l	2,50 €		
Die Preise für die Laufkundschaft verstehen sich entsprechend der Preisauszeichnungsverordnung einschließlich 19 % Umsatzsteuer.			Die Preise für Großabnehmer verstehen sich **zzgl.** 19 % USt und gelten bei Lieferung frei Haus in 1- bzw. 3-Liter-Behältern.	

Übersicht über die Inhaberin und Geschäftspartner im Detail

Inhaberin:	**Tina Fröhlich,** Graf-Anton-Weg 71, 22459 Hamburg, Tel. 040 5524433, IBAN: DE08 2001 0069 1216 4578 69, BIC: HANSDEHHXXX, Steuer-Nr. 54/041/26200
Lieferanten:	**Obsthof Böhm,** Wiesengrund 12, 21682 Stade, Tel. 0172 451632908, IBAN: DE84 2001 0020 1251 4817 10, BIC: PBNKDEFFXXX, Steuer-Nr. 43/133/06610 **Adams Exotische Früchte,** Bleickenallee 44, 22763 Hamburg, Tel. 040 120003, IBAN: DE23 2005 0550 1350 1200 00, BIC: HASPDEHHXXX, Steuer-Nr. 02/176/7712 **Pappnase, Alles für das Büro,** Große Bleiche 2, 20354 Hamburg, Tel. 040 3560090, IBAN: DE41 2007 0000 3000 9500 00, BIC: DEBKDEFFXXX, Steuer-Nr. 74/240/24680 **Gastrozubehör Smid,** Wandsbeker Zollstr. 38, 22041 Hamburg, Tel. 040 657280 IBAN: DE16 2005 0000 0281 6818 00, BIC: COMMDEHHXXX, Steuer-Nr. 08/230/45678
Dienstleister:	**Immobilienverwaltung Steffen,** Warteneu 12, 22089 Hamburg, Tel. 415558, IBAN: DE72 2004 0000 1805 5000 00, BIC: COMMDEHHXXX, Steuer-Nr. 09/431/56789 **Norddeutsche Leasing GmbH,** Kieler Str. 345, 22525 Hamburg, Tel. 040 5107340, IBAN: DE78 2005 0550 1397 1243 57, BIC: HASPDEHHXXX, Steuer-Nr. 54/183/87654 **Tele Hamburg GmbH,** Margaretenstr. 34, 20357 Hamburg, IBAN: DE69 2001 0020 2032 1420 20, BIC: PBNKDEFFXXX, Steuer-Nr. 205/5777/0518 **Autohaus Süd,** Kleine Str. 70, 21075 Hamburg, Tel. 768943, IBAN: DE54 2001 0020 1234 1205 59, BIC: PBNKDEFFXXX, Steuer-Nr. 03/122/34567 **Hanseatische Bank,** 20038 Hamburg, Tel. 01803330000, Steuer-Nr. 27/190/13579
Mitarbeitende:	Simon Schumacher, Alina Rauh, Maria Goldbek
Staatliche Einrichtungen:	**Knappschaft Bahn See** (Minijob-Zentrale), 45115 Essen, Service-Center 01801 200504 **Finanzamt Hamburg Eimsbüttel,** Postfach 570110, 22770 Hamburg
Kunden:	**Fitness-Club Alstertal,** Poppenbütteler Str. 69, 20359 Hamburg **Kinderstube Eimsbüttel,** Bismarckstr. 98, 20153 Hamburg

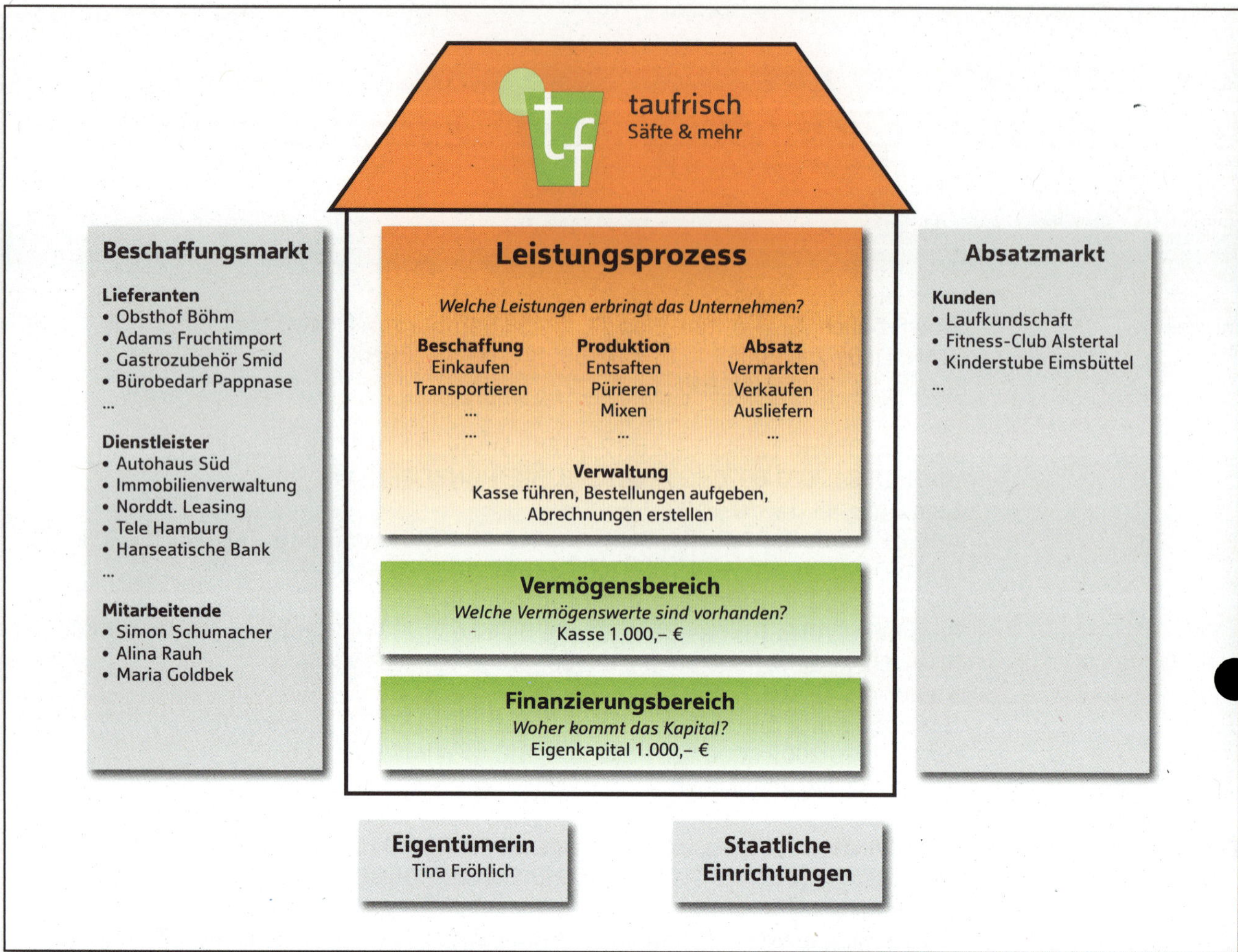
taufrisch
Säfte & mehr
Beschaffungsmarkt
Lieferanten
• Obsthof Böhm
• Adams Fruchtimport
• Gastrozubehör Smid
• Bürobedarf Pappnase
...
Dienstleister
• Autohaus Süd
• Immobilienverwaltung
• Norddt. Leasing
• Tele Hamburg
• Hanseatische Bank
...
Mitarbeitende
• Simon Schumacher
• Alina Rauh
• Maria Goldbek
Leistungsprozess
Welche Leistungen erbringt das Unternehmen?
Beschaffung
Einkaufen
Transportieren
...
...
Produktion
Entsaften
Pürieren
Mixen
...
Absatz
Vermarkten
Verkaufen
Ausliefern
...
Verwaltung
Kasse führen, Bestellungen aufgeben,
Abrechnungen erstellen
Vermögensbereich
Welche Vermögenswerte sind vorhanden?
Kasse 1.000,– €
Finanzierungsbereich
Woher kommt das Kapital?
Eigenkapital 1.000,– €
Absatzmarkt
Kunden
• Laufkundschaft
• Fitness-Club Alstertal
• Kinderstube Eimsbüttel
...
Eigentümerin
Tina Fröhlich
Staatliche
Einrichtungen

Belege Juli

ADAMS Fruchtimport
EXOTISCHE FRÜCHTE AUS ALLER WELT

Adams Fruchtimport · Bleickenallee 44 · 22763 Hamburg

Bleickenallee 44
22763 Hamburg
Tel.: 040/120003
Fax: 040/150062
www.adams-frucht-wvd.de

taufrisch
Tina Fröhlich
Graf-Anton-Weg 71
22459 Hamburg

Kd-Nr.: 15543

Datum: 02.07.20..

Rechnung Nr. 07.245

Laut Bestellung vom 25.06.20.. erhielten Sie am 01.07.20..

Menge	ME	Bezeichnung	Preis/ME	Netto gesamt
200	kg	Saft-Orangen – Maroc	0,95 €	190,00 €
125	kg	Grapefruits	1,45 €	181,25 €
40	kg	Kiwis – Frankreich	3,70 €	148,00 €
10	kg	Fliederbeeren	2,15 €	21,50 €
90	kg	Ananas – Costa-Rica	1,30 €	117,00 €
30	St.	Zitronen	0,45 €	13,50 €
30	St.	Limetten	0,27 €	8,10 €

	Netto gesamt	679,35 €
7 %	Mehrwertsteuer	47,55 €
	Gesamtbetrag	726,90 €

Bar bezahlt
02.07.20..

Zahlungsbedingungen: 8 Tage netto ohne Abzug

Unsere Steuernummer: 02/176/07712
Bank: Hamburg Sparkasse · IBAN: DE23 2005 0550 1350 1200 00 · BIC: HASPDEHHXXX

taufrisch
Säfte & mehr

Gehaltsliste für den Monat Juli 20..

Name	Tätigkeit	Betrag	Auszahlungstermin	Zahlungsweise
Simon Schumacher	Aushilfe	400,00 €	31.07.20..	bar
Alina Rauh	Aushilfe	500,00 €	31.07.20..	bar
Maria Goldbek	Aushilfe	300,00 €	31.07.20..	bar

taufrisch
Säfte & mehr

taufrisch • Graf-Anton-Weg 71 • 22459 Hamburg

Fitness-Club
Alstertal
Poppenbüttler Str. 69
20359 Hamburg

Tina Fröhlich
Graf-Anton-Weg 71
22459 Hamburg

Telefon: 040/5524433
Telefax: 040/5524448
E-Mail: Tina@taufrisch-wvd.de
Internet: www.taufrisch-wvd.de

Datum: 15.07.20..

Rechnung Nr. 07-2

Kunden-Nr.: 10.100
Lieferschein-Nr.: 07-2.1–4

Vielen Dank für Ihren Auftrag!
Vom 06.07. bis 15.07.20.. erhielten Sie zu den Ihnen bekannten Lieferungs- und Zahlungsbedingungen:

Anzahl	Einheit	Artikelbezeichung	Einzelpreis	Gesamtpreis
33	Liter	Apfelsaft	6,00 €	198,00 €
25	Liter	Orangensaft	6,80 €	170,00 €
8	Liter	Ananassaft	8,00 €	64,00 €
10	Liter	Grapefruitsaft	8,00 €	80,00 €
				512,00 €
			19 % USt	97,28 €
				609,28 €

Betrag in bar
am 16.07.20.. erhalten!
T. Fröhlich

Steuer-Nr.: 54/041/26200

IBAN: DE08 2001 0069 1216 4578 69
BIC: HANSDEHHXXX

ADAMS Fruchtimport
EXOTISCHE FRÜCHTE AUS ALLER WELT

Adams Fruchtimport · Bleickenallee 44 · 22763 Hamburg

Bleickenallee 44
22763 Hamburg
Tel.: 040/120003
Fax: 040/150062
www.adams-frucht-wvd.de

taufrisch
Tina Fröhlich
Graf-Anton-Weg 71
22459 Hamburg

Kd-Nr.: 15543

Datum: 23.07.20..

Rechnung Nr. 07.513

Laut Bestellung vom 17.07.20.. erhielten Sie am 20.07.20..

Menge	ME	Bezeichnung	Preis/ME	Netto gesamt
200	kg	Saft-Orangen – Maroc	0,95 €	190,00 €
40	kg	Grapefruits – rosa	1,45 €	58,00 €
10	kg	Fliederbeeren	2,15 €	21,50 €
130	kg	Ananas – Israel	1,30 €	169,00 €
30	St.	Zitronen	0,45 €	13,50 €
30	St.	Limetten	0,27 €	8,10 €

	Netto gesamt	460,10 €
7 %	Mehrwertsteuer	32,21 €
	Gesamtbetrag	492,31 €

Bar bezahlt
23.07.20..

Zahlungsbedingungen: 8 Tage netto ohne Abzug

Unsere Steuernummer: 02/176/07712
Bank: Hamburg Sparkasse · IBAN: DE23 2005 0550 1350 1200 00 · BIC: HASPDEHHXXX

Immobilienverwaltung Steffen
Büros · EKZ · Läden

Warteneu 12 · 22089 Hamburg · Tel. (040)4155-58 · www.immo-steffen.de

Immobilienverwaltung Steffen • Warteneu 12 • 22089 Hamburg

taufrisch
Tina Fröhlich
Graf-Anton-Weg 71
22459 Hamburg

Ihr Zeichen:
Ihre Nachricht:
Unser Zeichen:
Unsere Nachricht:

Ansprechpartner: Jens Steffen
E-Mail: info@immo-steffen.de
Telefon: (040) 4155-58

Hamburg, 06.07.20..

Rechnungsnummer 07-1011

Miete für die Standfläche im EKZ Hamburg West für den Monat Juli 20..	1.300,00 €
Gesamtpreis netto	1.300,00 €
19% MwSt.	247,00 €
Endbetrag	1.547,00 €

Die Rechnung wurde maschinell erstellt und ist nicht unterschrieben.

Bar bezahlt!
06.07.20..
T. Fröhlich

Fernruf (040)4155-58
Telefax (040)32139
www.immo-steffen.de

Bankverbindung
IBAN: DE72 2004 0000 1805 5000 00
BIC: COMMDEHHXXX

Unsere Steuernummer: 09/431/56789
Handelsregister-Nr. A 6224 beim Amtsgericht Hamburg
Erfüllungsort und Gerichtsstand für beide Teile Hamburg

HEM TANKSTELLE

Hammer Landstrasse 202
20537 Hamburg
Tel. 040/211511
Fax 040/211654
Obj.Nr. 0000001115

Unsere Steuernummer: 09/220/98765

Beleg-Nr. 4998/008/000001

02.07.20.. · 15:19

BARVERKAUF

0000014	DIESEL-KRAFTSTOFF	62,00	€
	Zp 02 31,65 l	1,959	€
	Gesamtbetrag	62,00	€
	Netto	52,10	€
	MwSt. 19 %	9,90	€

Gesamtbetrag 62,00 €

Das oben genannte Datum entspricht
dem Rechnungs- und Leistungdatum.

HEM Tankstelle wünscht
Ihnen eine gute Fahrt

ADAMS Fruchtimport
EXOTISCHE FRÜCHTE AUS ALLER WELT

Adams Fruchtimport · Bleickenallee 44 · 22763 Hamburg

taufrisch
Tina Fröhlich
Graf-Anton-Weg 71
22459 Hamburg

Bleickenallee 44
22763 Hamburg
Tel.: 040/120003
Fax: 040/150062
www.adams-frucht-wvd.de

Lieferschein Nr. 10113-07

vom 27. Juli 20..

Menge	ME	Bezeichnung	Preis/ME
270	kg	Saft-Orangen – Spanien	0,95 €
40	kg	Grapefruits	1,45 €
50	kg	Kiwis – Neuseeland	3,70 €
150	kg	Ananas – Costa-Rica	1,30 €

Unsere Steuernummer: 02/176/07712
Bank: Hamburg Sparkasse · IBAN: DE23 2005 0550 1350 1200 00 · BIC: HASPDEHHXXX

Norddeutsche Leasing GmbH

Leasinggesellschaft für Industrie und Handel
Kieler Str. 345 · 22525 Hamburg

NDL · Kieler Str. 345 · 22525 Hamburg

taufrisch
Tina Fröhlich
Graf-Anton-Weg 71
22459 Hamburg

Telefon (040) 5107340
Fax (040) 5113607
www.NDL-Hamburg.de

31.07.20..

Rechnungsnummer 07-1450

Für das Leasing Ihrer Geschäftsausstattung im Monat Juli 20.. berechnen wir:

Verkaufstresen mit Kühlung und Geschirrspüler	250,00 €
Saftpresse „Gastro“ einschl. Zubehör	50,00 €
Adler-Kassensystem einschl. Papierrollen	25,00 €
Regalwand mit abschließbaren Glastüren und Beleuchtung	75,00 €
Rechnungsbetrag netto	400,00 €
19% MwSt.	76,00 €
Endsumme	**476,00 €**

Bitte überweisen Sie den Betrag auf das angegebene Konto.

Bar bezahlt!
31.07.20..

Unsere Steuernummer: 54/183/87654
Bankverbindung: Hamburger Sparkasse · IBAN: DE53 2005 0550 1295 1243 57
Amtsgericht Hamburg · Handelsregister Nr. B 9090 · Geschäftsführerin Anneliese Teichert

Tele Hamburg GmbH

Ihre Rechnung

Tele Hamburg GmbH
20357 Hamburg, Margaretenstr. 34

578/1!1/025887/23//22679

Firma
taufrisch
Tina Fröhlich
Graf-Anton-Weg 71
22459 Hamburg

Datum	25.07.20..
Seite	1 von 2
Kundennummer	1450280904
Rechnungsnummer	9695683867
Buchungskonto	0405524433
Haben Sie noch fragen zu Ihrer Rechnung?	Sie erreichen Ihren Kundenservice unter:
Telefon	freecall 0800 130 1020
Telefax	freecall 0800 130 10200

Ihre Rechnung für Juli 20..

Die Leistungen im Überblick (Summen)	Beträge
Monatliche Beträge	19,99 €
Verbindungen Tele Hamburg	12,00 €
Beträge anderer Anbieter	2,50 €
Sonstige Leistungen der Tele Hamburg	2,30 €
Nettobetrag	36,79 €
Umsatzsteuer 19 %	6,99 €
Rechnungsbetrag	**43,78 €**

Bitte begleichen Sie den offenen Rechnungsbetrag innerhalb einer Woche auf das angegebene Konto.

Ihre Rechnung im Detail und weitere Hinweise finden Sie auf der Rückseite und den folgenden Seiten.

Vielen Dank!

Bar bezahlt!
25.07.20..

Tele Hamburg GmbH
Postanschrift
Margaretenstr. 34
20357 Hamburg

Bankverbindung
IBAN: DE69 2001 0020 2032 1420 20
BIC: PBNKDEFFXXX

Steuernummer 205/5777/0518
Amtsgericht Hamburg
Handelsregister-Nr. B 14569
Geschäftsführer Peter Förster

Abb.: 27.1: fotolia.com, New York (kraska)

OBSTHOF BÖHM
Bestes aus dem Alten Land
Fritz Böhm · Wiesengrund 12 · 21682 Stade
Mobil: 0172/451632908

Obsthof Böhm · Wiesengrund 12 · 21682 Stade

taufrisch
Tina Fröhlich
Graf-Anton-Weg 71
22459 Hamburg

Kunden -Nr.:	10.854
Lieferschein-Nr.:	1252
Datum:	01.07.20..

Rechnung Nr. 071-J

Vielen Dank für Ihren Auftrag vom 28.06.20..
Am 01.07.20.. erhielten Sie zu den Ihnen bekannten Lieferungs- und Zahlungsbedingungen:

Anzahl	Einheit	Artikelbezeichnung	Einzelpreis	Gesamtpreis
280	kg	Äpfel Sorte: Elster	1,40 €	392,00 €
				392,00 €
			7 % Umsatzsteuer	27,44 €
				419,44 €

Bar bezahlt!
01.07.20..

Zahlbar innerhalb von 14 Tagen netto

IBAN: DE84 2001 0020 1251 4817 10
BIC: PBNKDEFFXXX

Unsere Steuernummer: 43/133/06610

Abb.: 29.1: fotolia.com, New York (Reichartz, Hans-Peter)

Monat Juli 20.. / Beleg-Nr. ________

Gastrozubehör **Smid**

Günter Smid GmbH • Wandsbecker Zollstr. 38 • 22041 Hamburg

taufrisch
Tina Fröhlich
Graf-Anton-Weg 71
22459 Hamburg

Ansprechpartner: Kevin Schröder
Abteilung: Vertrieb

Telefon: 040 / 65 72 8-78
Telefax: 040 / 65 72 8-100
E-Mail: kevin.schroeder@gastro-smid-wvd.de
Internet: www.gastro-smid-wvd.de

Datum: 15.07.20..

RECHNUNG

Rechnungs-Nr.: 2270-07
Lieferdatum: 01.07.20..

Menge	ME	Bezeichnung	Preis	Gesamt
50	100	Recyclingbecher, 0,2 l, mit Logo „taufrisch“	5,00 €	250,00 €
10	10	Saftgläser 0,2 l, mit Logo „taufrisch“	10,00 €	100,00 €
20	St.	Mehrwegbehälter 1 l, mit Logo „taufrisch“	2,50 €	50,00 €
20	St.	Mehrwegbehälter 3 l, mit Logo „taufrisch“	5,00 €	100,00 €
5	Pakete	Geschirrspülmittel und Klarspüler	4,00 €	20,00 €
200	100	Servietten	0,80 €	160,00 €
20	100	Trinkhalme	1,00 €	20,00 €
			Betrag netto	700,00 €
			Umsatzsteuer 19 %	133,00 €
			Gesamtbetrag	**833,00 €**

Zahlbar sofort, rein netto, ohne Abzug.

Unsere Steuernummer: 08/230/45678

bar bezahlt
15.07.20..
T. Fröhlich

Günter Smid GmbH
Wandsbeker Zollstr. 38
22041 Hamburg

Telefon 040 / 65 72 8-0
Telefax 040 / 65 72 8-100
info@gastro-smid.wvd.de
www.gastro-smid.wvd.de

COMMBANK
IBAN: DE16 2005 0000 0281 6818 00
BIC: COMMDEHHXXX

Geschäftsführer:
Günter Smid
Amtsgericht Hamburg
Handelsregister B 13458

Abb.: 31.1: fotolia.com, New York (Tasosk)

HEM TANKSTELLE

Hammer Landstrasse 202
20537 Hamburg
Tel. 040/211511
Fax 040/211654
Obj.Nr. 0000001115

Unsere Steuernummer: 09/220/98765

Beleg-Nr. 4998/008/000145

31.07.20.. · 08:56

BARVERKAUF

0000014	DIESEL-KRAFTSTOFF	50,00	€
	Zp 04 25,52 l	1,959	€
	Gesamtbetrag	50,00	€
	Netto	42,02	€
	MwSt. 19 %	7,98	€

Gesamtbetrag 50,00 €

Das oben genannte Datum entspricht dem Rechnungs- und Leistungdatum.

HEM Tankstelle wünscht Ihnen eine gute Fahrt

taufrisch
Säfte & mehr

taufrisch • Graf-Anton-Weg 71 • 22459 Hamburg

Fitness-Club
Alstertal
Poppenbüttler Str. 69
20359 Hamburg

Tina Fröhlich
Graf-Anton-Weg 71
22459 Hamburg

Telefon: 040/5524433
Telefax: 040/5524448
E-Mail: Tina@taufrisch-wvd.de
Internet: www.taufrisch-wvd.de

Kunden-Nr.: 10.100 Lieferschein-Nr.: 07-4.1–6 Datum: 31.07.20..

Rechnung Nr. 07-4

Vielen Dank für Ihren Auftrag!
Vom 16.07. bis 31.07.20.. erhielten Sie zu den Ihnen bekannten Lieferungs- und Zahlungsbedingungen:

Anzahl	Einheit	Artikelbezeichnung	Einzelpreis	Gesamtpreis
25	Liter	Apfelsaft	6,00 €	150,00 €
32	Liter	Orangensaft	6,80 €	217,60 €
12	Liter	Ananassaft	8,00 €	96,00 €
12	Liter	Grapefruitsaft	8,00 €	96,00 €
				559,60 €
			19 % USt	106,32 €
				665,92 €

Betrag in bar
am 31.07.20.. erhalten!
T. Fröhlich

Steuer-Nr.: 54/041/26200

IBAN: DE08 2001 0069 1216 4578 69
BIC: HANSDEHHXXX

taufrisch
Säfte & mehr

taufrisch • Graf-Anton-Weg 71 • 22459 Hamburg

Tina Fröhlich
Graf-Anton-Weg 71
22459 Hamburg

Kinderstube
Eimsbüttel
Bismarckstr. 98
20359 Hamburg

Telefon: 040/5524433
Telefax: 040/5524448
E-Mail: Tina@taufrisch-wvd.de
Internet: www.taufrisch-wvd.de

Kunden-Nr.: 10.200 Lieferschein-Nr.: 07-5.1–7 Datum: 31.07.20..

Rechnung Nr. 07-5

Vielen Dank für Ihren Auftrag!
Vom 23.07. bis 31.07.20.. erhielten Sie zu den Ihnen bekannten Lieferungs- und Zahlungsbedingungen:

Anzahl	Einheit	Artikelbezeichnung	Einzelpreis	Gesamtpreis
40	Liter	Apfelsaft	6,00 €	240,00 €
22	Liter	Orangensaft	6,80 €	149,60 €
5	Liter	Ananassaft	8,00 €	40,00 €
				429,60 €
			19 % USt	81,62 €
				511,22 €

Betrag in bar
am 31.07.20.. erhalten!
T. Fröhlich

Steuer-Nr.: 54/041/26200

IBAN: DE08 2001 0069 1216 4578 69
BIC: HANSDEHHXXX

Autohaus Süd

Inhaber Hartmut Bröcker
Steuer-Nr. 03/122/34567
Kleine Str. 70
21075 Hamburg
Tel. 040 / 768943
Fax 040 / 768944
www.auto-sued-wvd.de
Kunden-Nr. 1520
Debitor 12365
Kunden-Berater Jürgen Krause

Autohaus Süd · Kleine Str. 70 · 21075 Hamburg

taufrisch
Tina Fröhlich
Graf-Anton-Weg 71
22459 Hamburg

Datum 31.07.20..

Rechnungsnummer 07-1520

Komplett-Leasing Ihres Transportfahrzeuges im Juli 20..	300,00 €
Gesamtpreis netto	300,00 €
19 % MwSt.	57,00 €
Endbetrag	**357,00 €**

Bitte überweisen Sie den Betrag auf das angegebene Konto.

Bar bezahlt!
31.07.20..

Bankverbindung · IBAN: DE54 2001 0020 1234 1205 59 · BIC: PBNKDEFFXXX

ADAMS Fruchtimport
EXOTISCHE FRÜCHTE AUS ALLER WELT

Adams Fruchtimport · Bleickenallee 44 · 22763 Hamburg

taufrisch
Tina Fröhlich
Graf-Anton-Weg 71
22459 Hamburg

Bleickenallee 44
22763 Hamburg
Tel.: 040/120003
Fax: 040/150062
www.adams-frucht-wvd.de

Kd-Nr.: 15543

Datum: 31.07.20..

Rechnung Nr. 07.612

Laut Bestellung vom 25.07.20.. erhielten Sie am 27.07.20..

Menge	ME	Bezeichnung	Preis/ME	Netto gesamt
270	kg	Saft-Orangen – Spanien	0,95 €	256,50 €
40	kg	Grapefruits	1,45 €	58,00 €
50	kg	Kiwis – Neuseeland	3,70 €	185,00 €
150	kg	Ananas – Costa-Rica	1,30 €	195,00 €

	Netto gesamt	694,50 €
7 %	Mehrwertsteuer	48,62 €
	Gesamtbetrag	743,12 €

Bar bezahlt
31.07.20..

Zahlungsbedingungen: 8 Tage netto ohne Abzug

Unsere Steuernummer: 02/176/07712
Bank: Hamburg Sparkasse · IBAN: DE23 2005 0550 1350 1200 00 · BIC: HASPDEHHXXX

taufrisch
Säfte & mehr

Verkäufe an die Laufkundschaft im Monat Juli 20.. laut Registrierkasse

Datum	Text	Betrag
01.07.	Laufkundschaft	376,00 €
02.07.	Laufkundschaft	493,00 €
03.07.	Laufkundschaft	482,00 €
04.07.	Laufkundschaft	596,00 €
06.07.	Laufkundschaft	472,00 €
07.07.	Laufkundschaft	456,00 €
08.07.	Laufkundschaft	265,00 €
09.07.	Laufkundschaft	345,00 €
10.07.	Laufkundschaft	330,00 €
11.07.	Laufkundschaft	532,00 €
13.07.	Laufkundschaft	484,00 €
14.07.	Laufkundschaft	230,00 €
15.07.	Laufkundschaft	498,00 €
16.07.	Laufkundschaft	206,00 €
17.07.	Laufkundschaft	281,00 €
18.07.	Laufkundschaft	540,00 €
20.07.	Laufkundschaft	312,00 €
21.07.	Laufkundschaft	269,00 €
22.07.	Laufkundschaft	357,00 €
23.07.	Laufkundschaft	291,00 €
24.07.	Laufkundschaft	411,00 €
25.07.	Laufkundschaft	626,00 €
27.07.	Laufkundschaft	492,00 €
28.07.	Laufkundschaft	262,00 €
29.07.	Laufkundschaft	196,00 €
30.07.	Laufkundschaft	397,00 €
31.07.	Laufkundschaft	386,00 €

taufrisch
Säfte & mehr

Umsätze an Laufkundschaft nach Sparten laut Kasse für den Monat Juli 20..

Saftart	Anzahl Becher lt. Kasse	Preis brutto je Becher	Umsatz lt. Kasse
Orange	1.851	2,00 €	3.702,00 €
Grapefruit	494	2,50 €	1.235,00 €
Ananas	616	2,50 €	1.540,00 €
Apfel	1.210	1,80 €	2.178,00 €
Kiwi	684	2,50 €	1.710,00 €
Fliederbeere	88	2,50 €	220,00 €
Gesamt	4.943		10.585,00 €

Pappnase Alles für das Büro GmbH

PAPPNASE – Alles für das Büro • Große Bleiche 2 • 20354 Hamburg

taufrisch
Tina Fröhlich
Graf-Anton-Weg 71
22459 Hamburg

Rechnung 35401
Kunden-Nr. KA010062
Datum 03.07.20..
Seite 1

Bar bezahlt
am 03.07.20..

Auftrags-Nr.	Bestellung vom	Lieferdatum	Beratung	Bearbeitung	Telefon
10062/11	03.07.20..	bereits geliefert	Herr Voss	Frau Froese	040 / 7224179

Pos.	Gegenstand	Menge	ME	Preis	Gesamt
1	Schreibblocks	10	1	2,00 €	20,00 €
2	Kugelschreiber	10	1	1,25 €	12,50 €
	Zahlungsbedingungen: Zahlung innerhalb von 8 Tagen netto Kasse ohne Skontoabzug Bei der Zahlung erbitten wir die Angabe der Rechnungs- und Kundennummer. Wir danken für Ihren Auftrag.				
				Summe	32,50 €
				USt 19 %	6,18 €
				Gesamtbetrag	38,68 €

PAPPNASE
Alles für das Büro GmbH
Große Bleiche 2
20354 Hamburg
Telefon 040/356009-0
Fax 040/356009-39

Geschäftsführer:
Werner Lindemann
Frank Anger-Lindemann
Manfred Trommler
Manfred Wohlgemuth
HRB 40553 HgB
Steuernummer: 74/240/24680

Deutsche Bank
IBAN: DE41 2007 0000 3000 9500 00
BIC: DEBKDEFFXXX

Abb.: 45.1: fotolia.com, New York (Stumpf, Michael)

taufrisch
Säfte & mehr

taufrisch • Graf-Anton-Weg 71 • 22459 Hamburg

Kinderstube
Eimsbüttel
Bismarckstr. 98
20359 Hamburg

Tina Fröhlich
Graf-Anton-Weg 71
22459 Hamburg

Telefon: 040/5524433
Telefax: 040/5524448
E-Mail: Tina@taufrisch-wvd.de
Internet: www.taufrisch-wvd.de

Kunden-Nr.: 10.200 Lieferschein-Nr.: 07-1.1-5 Datum: 13.07.20..

Rechnung Nr. 07-1

Vielen Dank für Ihren Auftrag!
Vom 01.07. bis 11.07.20.. erhielten Sie zu den Ihnen bekannten Lieferungs- und Zahlungsbedingungen:

Anzahl	Einheit	Artikelbezeichnung	Einzelpreis	Gesamtpreis
30	Liter	Apfelsaft	6,00 €	180,00 €
20	Liter	Orangensaft	6,80 €	136,00 €
				316,00 €
			19 % USt	60,04 €
				376,04 €

Betrag in bar
am 13.07.20.. erhalten!
T. Fröhlich

Steuer-Nr.: 54/041/26200

IBAN: DE08 2001 0069 1216 4578 69
BIC: HANSDEHHXXX

OBSTHOF BÖHM
Bestes aus dem Alten Land
Fritz Böhm · Wiesengrund 12 · 21682 Stade
Mobil: 0172/451632908

Obsthof Böhm · Wiesengrund 12 · 21682 Stade

taufrisch
Tina Fröhlich
Graf-Anton-Weg 71
22459 Hamburg

Kunden -Nr.:	10.854
Lieferschein-Nr.:	1332
Datum:	20.07.20..

Rechnung Nr. 072-J

Vielen Dank für Ihren Auftrag vom 28.06.20..
Am 20.07.20.. erhielten Sie zu den Ihnen bekannten Lieferungs- und Zahlungsbedingungen:

Anzahl	Einheit	Artikelbezeichnung	Einzelpreis	Gesamtpreis
300	kg	Äpfel Sorte: Cox	1,40 €	420,00 €
				420,00 €
			7 % Umsatzsteuer	29,40 €
				449,40 €

Bar bezahlt!
20.07.20..

Zahlbar innerhalb von 14 Tagen netto

IBAN: DE84 2001 0020 1251 4817 10
BIC: PBNKDEFFXXX

Unsere Steuernummer: 43/133/06610

taufrisch
Säfte & mehr

taufrisch • Graf-Anton-Weg 71 • 22459 Hamburg

Kinderstube
Eimsbüttel
Bismarckstr. 98
20359 Hamburg

Tina Fröhlich
Graf-Anton-Weg 71
22459 Hamburg

Telefon: 040/5524433
Telefax: 040/5524448
E-Mail: Tina@taufrisch-wvd.de
Internet: www.taufrisch-wvd.de

Kunden-Nr.: 10.200 Lieferschein-Nr.: 07-3.1–3.7 Datum: 23.07.20..

Rechnung Nr. 07-3

Vielen Dank für Ihren Auftrag!
Vom 13.07. bis 22.07.20.. erhielten Sie zu den Ihnen bekannten Lieferungs- und Zahlungsbedingungen:

Anzahl	Einheit	Artikelbezeichung	Einzelpreis	Gesamtpreis
35	Liter	Apfelsaft	6,00 €	210,00 €
18	Liter	Orangensaft	6,80 €	122,40 €
				332,40 €
			19 % USt	63,16 €
				395,56 €

Betrag in bar
am 23.07.20.. erhalten!
T. Fröhlich

Steuer-Nr.: 54/041/26200

IBAN: DE08 2001 0069 1216 4578 69
BIC: HANSDEHHXXX

ADAMS Fruchtimport
EXOTISCHE FRÜCHTE AUS ALLER WELT

Adams Fruchtimport · Bleickenallee 44 · 22763 Hamburg

taufrisch
Tina Fröhlich
Graf-Anton-Weg 71
22459 Hamburg

Bleickenallee 44
22763 Hamburg
Tel.: 040/120003
Fax: 040/150062
www.adams-frucht-wvd.de

Kd-Nr.: 15543

Datum: 16.07.20..

Rechnung Nr. 07.410

Laut Bestellung vom 13.07.20.. erhielten Sie am 14.07.20..

Menge	ME	Bezeichnung	Preis/ME	Netto gesamt
400	kg	Saft-Orangen – Spanien	0,95 €	380,00 €
50	kg	Grapefruits – rosa	1,45 €	72,50 €
60	kg	Kiwis – Neuseeland	3,70 €	222,00 €
110	kg	Ananas – Israel	1,30 €	143,00 €
10	kg	Fliederbeeren	2,15 €	21,50 €

	Netto gesamt	839,00 €
7 %	Mehrwertsteuer	58,73 €
	Gesamtbetrag	897,73 €

Bar bezahlt
16.07.20..

Zahlungsbedingungen: 8 Tage netto ohne Abzug

Unsere Steuernummer: 02/176/07712
Bank: Hamburg Sparkasse · IBAN: DE23 2005 0550 1350 1200 00 · BIC: HASPDEHHXXX

taufrisch
Säfte & mehr

taufrisch • Graf-Anton-Weg 71 • 22459 Hamburg

Kinderstube
Eimsbüttel
Bismarckstr. 98
20359 Hamburg

Tina Fröhlich
Graf-Anton-Weg 71
22459 Hamburg

Telefon: 040/5524433
Telefax: 040/5524448
E-Mail: Tina@taufrisch-wvd.de
Internet: www.taufrisch-wvd.de

Kunden-Nr.: 10.200 Lieferschein-Nr.: 07-3.4 Datum: 18.07.20..

Lieferschein

Vielen Dank für Ihren Auftrag!
Am 18.07.20.. erhielten Sie zu den Ihnen bekannten Lieferungs- und Zahlungsbedingungen:

Anzahl	Einheit	Artikelbezeichnung
5	Liter	Apfelsaft
5	Liter	Orangensaft

Steuer-Nr.: 54/041/26200

IBAN: DE08 2001 0069 1216 4578 69
BIC: HANSDEHHXXX

minijob zentrale

taufrisch
Tina Fröhlich
Graf-Anton-Weg 71
22459 Hamburg

bar eingezahlt am
31.07.20..
T. Fröhlich

Gesamtabgabenberechnung
(basierend auf den erfassten Daten)

Monat: **Juli 20..**

(die nachstehend aufgeführten monatlichen Gesamtabgaben können Sie in den Beitragsnachweis übernehmen)

Prozentsätze	Beitragsgruppen	Abzuführende Beiträge	Beiträge
13,0	6000	zur Krankenversicherung	156,00 €
15,0	0500	zur Rentenversicherung	180,00 €
19,9	0100	voller Beitrag zur Rentenversicherung	0,00 €
0,77	U	Umlagen	9,24 €
2,0	ST	einheitliche Pauschsteuer	24,00 €
		zu zahlender Gesamtbetrag:	**369,24 €**

Arbeitnehmeranteile bei Rentenaufstockung (vom Lohn einzubehalten): 0,00 €

darauf entfallen für:		
1. Minijobber	Simon Schumacher	123,08 €
2. Minijobber	Alina Rauh	153,85 €
3. Minijobber	Maria Goldbek	92,31 €
4. Minijobber	Arbeitnehmer	0,00 €
5. Minijobber	Arbeitnehmer	0,00 €
6. Minijobber	Arbeitnehmer	0,00 €
7. Minijobber	Arbeitnehmer	0,00 €
8. Minijobber	Arbeitnehmer	0,00 €
9. Minijobber	Arbeitnehmer	0,00 €
10. Minijobber	Arbeitnehmer	0,00 €
	Gesamtbetrag	**369,24 €**

MIZE 07/20..

Minijob-Zentrale, 45115 Essen · Service-Center: 0355 2902 70799 · Fax 0201 384 979797 · minijob@minijob-zentrale.de

Knappschaft Bahn See

taufrisch
Säfte & mehr

Der Saftshop im Einkaufszentrum HH-West

Inh. Tina Fröhlich
Graf-Anton-Weg 71 · 22459 Hamburg
Tel. 040/5524433 · Fax 040/5224448
Steuer-Nr. 54/041/26200

Kassenbon-Nr.: 46
Platz-Nr.: 5

10. Juli 20..

1 Becher Grapefruitsaft 0,2 l	2,50 €
Total	2,50 €
Umsatz netto	2,10 €
MwSt. 19 %	0,40 €
Endsumme	**2,50 €**

Vielen Dank für Ihren Besuch!

ADAMS Fruchtimport
EXOTISCHE FRÜCHTE AUS ALLER WELT

Adams Fruchtimport · Bleickenallee 44 · 22763 Hamburg

taufrisch
Tina Fröhlich
Graf-Anton-Weg 71
22459 Hamburg

Bleickenallee 44
22763 Hamburg
Tel.: 040/120003
Fax: 040/150062
www.adams-frucht-wvd.de

Kd-Nr.: 15543

Datum: 10.07.20..

Rechnung Nr. 07.367

Laut Bestellung vom 04.07.20.. erhielten Sie am 06.07.20..

Menge	ME	Bezeichnung	Preis/ME	Netto gesamt
330	kg	Saft-Orangen – Spanien	0,95 €	313,50 €
95	kg	Grapefruits – rosa	1,45 €	137,75 €
80	kg	Kiwis – Neuseeland	3,70 €	296,00 €
120	kg	Ananas – Israel	1,30 €	156,00 €
20	St.	Zitronen	0,45 €	9,00 €
20	St.	Limetten	0,27 €	5,40 €

	Netto gesamt	917,65 €
7 %	Mehrwertsteuer	64,24 €
	Gesamtbetrag	**981,89 €**

Bar bezahlt
10.07.20..

Zahlungsbedingungen: 8 Tage netto ohne Abzug

Unsere Steuernummer: 02/176/07712
Bank: Hamburg Sparkasse · IBAN: DE23 2005 0550 1350 1200 00 · BIC: HASPDEHHXXX

taufrisch
Säfte & mehr

taufrisch • Graf-Antor-Weg 71 • 22459 Hamburg

ADAMS Fruchtimport
z. Hd. H. Köhler

Per FAX an
040/15 0062

Tina Fröhlich
Graf-Anton-Weg 71
22459 Hamburg

Telefon: 040/5524433
Telefax: 040/5524448
E-Mail: Tina@taufrisch-wvd.de
Internet: www.taufrisch-wvd.de

Bestellung

Datum: 25.07.20..

Sehr geehrter Herr Köhler!
Hiermit bestelle ich aufgrund Ihres Angebots vom 20.07.20.. zur Lieferung am 27.07.20..:

270 kg	Saft-Orangen – Spanien zum Sonderpreis von 0,95 €/kg	**256,50 €**
150 kg	Ananas Costa-Rica zum Sonderpreis von 1,30 €/kg	**195,00 €**
40 kg	Grapefruit zu 1,45 €/kg	**58,00 €**
50 kg	Kiwi – Neuseeland zu 3,70 €/kg	**185,00 €**

Mit freundlichem Gruß

Tina Fröhlich

Steuer-Nr.: 54/041/26200

IBAN: DE08 2001 0069 1216 4578 69
BIC: HANSDEHHXXX

taufrisch
Säfte & mehr

Kassenbuch
Monat Juli 20..

Lfd. Nr.	Datum	Text	Einzahlungen (+)	Auszahlungen (–)	Saldo	Gegenkontonr.
	01.07.	Anfangsbestand			1.000,00 €	
1						
2						
3						

Monat Juli 20.. / Beleg-Nr. ________

taufrisch
Säfte & mehr

Kassenbuch
Monat Juli 20..

Lfd. Nr.	Datum	Text	Einzahlungen (+)	Auszahlungen (−)	Saldo	Gegenkontonr.

Belege August

taufrisch
Säfte & mehr

Verkäufe an die Laufkundschaft im Monat August 20.. laut Registrierkasse

Datum	Text	Betrag
01.08.	Laufkundschaft	485,00 €
03.08.	Laufkundschaft	243,00 €
04.08.	Laufkundschaft	275,00 €
05.08.	Laufkundschaft	357,00 €
06.08.	Laufkundschaft	323,00 €
07.08.	Laufkundschaft	498,00 €
08.08.	Laufkundschaft	590,00 €
10.08.	Laufkundschaft	402,00 €
11.08.	Laufkundschaft	378,00 €
12.08.	Laufkundschaft	351,00 €
13.08.	Laufkundschaft	358,00 €
14.08.	Laufkundschaft	403,00 €
15.08.	Laufkundschaft	647,00 €
17.08.	Laufkundschaft	323,00 €
18.08.	Laufkundschaft	299,00 €
19.08.	Laufkundschaft	493,00 €
20.08.	Laufkundschaft	324,00 €
21.08.	Laufkundschaft	467,00 €
22.08.	Laufkundschaft	671,00 €
24.08.	Laufkundschaft	447,00 €
25.08.	Laufkundschaft	399,00 €
26.08.	Laufkundschaft	469,00 €
27.08.	Laufkundschaft	383,00 €
28.08.	Laufkundschaft	442,00 €
29.08.	Laufkundschaft	588,00 €
31.08.	Laufkundschaft	312,00 €

taufrisch
Säfte & mehr

Umsätze an Laufkundschaft nach Sparten laut Kasse für den Monat August 20..

Saftart	Anzahl Becher lt. Kasse	Preis brutto je Becher	Umsatz lt. Kasse
Orange	2.620	2,00 €	5.240,00 €
Grapefruit	315	2,50 €	787,50 €
Ananas	374	2,50 €	935,00 €
Apfel	1.815	1,80 €	3.267,00 €
Kiwi	250	2,50 €	625,00 €
Fliederbeere	29	2,50 €	72,50 €
Gesamt	5.403		10.927,00 €

HEM TANKSTELLE

Hammer Landstrasse 202
20537 Hamburg
Tel. 040/211511
Fax 040/211654
Obj.Nr. 0000001115

Unsere Steuernummer: 09/220/98765

Beleg-Nr. 4998/008/001547

22.08.20.. · 14:21

BARVERKAUF

0000014	DIESEL-KRAFTSTOFF	47,01 €
	Zp 01 24,75 1	1,899 €
	Gesamtbetrag	47,01 €
	Netto	39,50 €
	MwSt. 19 %	7,51 €

Gesamtbetrag 47,01 €

Das oben genannte Datum entspricht dem Rechnungs- und Leistungdatum.

HEM Tankstelle wünscht Ihnen eine gute Fahrt

Monat August 20.. / Beleg-Nr. ________

Tele Hamburg GmbH

Ihre Rechnung

Tele Hamburg GmbH
20357 Hamburg, Margaretenstr. 34

578/1!1/025887/23//22679

Firma
taufrisch
Tina Fröhlich
Graf-Anton-Weg 71
22459 Hamburg

Datum	20.08.20..
Seite	1 von 2
Kundennummer	1450280904
Rechnungsnummer	9695683986
Buchungskonto	0405524433
Haben Sie noch fragen zu Ihrer Rechnung?	Sie erreichen Ihren Kundenservice unter:
Telefon	freecall 0800 130 1020
Telefax	freecall 0800 130 10200

Ihre Rechnung für August 20..

Die Leistungen im Überblick (Summen)	Beträge
Monatliche Beträge	19,99 €
Verbindungen Tele Hamburg	16,46 €
Beträge anderer Anbieter	9,80 €
Sonstige Leistungen der Tele Hamburg	2,30 €
Nettobetrag	48,55 €
Umsatzsteuer 19 %	9,22 €
Rechnungsbetrag	**57,77 €**

Bitte begleichen Sie den offenen Rechnungsbetrag
innerhalb einer Woche auf das angegebene Konto.

Ihre Rechnung im Detail und weitere Hinweise finden Sie auf der Rückseite und den folgenden Seiten.

Vielen Dank!

Tele Hamburg GmbH
Postanschrift
Margaretenstr. 34
20357 Hamburg

Bankverbindung
IBAN: DE69 2001 0020 2032 1420 20
BIC: PBNKDEFFXXX

Steuernummer 205/5777/0518
Amtsgericht Hamburg
Handelsregister-Nr. B 14569
Geschäftsführer Peter Förster

Abb.: 73.1: fotolia.com, New York (kraska)

Pappnase Alles für das Büro GmbH

PAPPNASE – Alles für das Büro • Große Bleiche 2 • 20354 Hamburg

taufrisch
Tina Fröhlich
Graf-Anton-Weg 71
22459 Hamburg

Rechnung 42415
Kunden-Nr. KA010062
Datum 07.08.20..
Seite 1

Auftrags-Nr.	Bestellung vom	Lieferdatum	Beratung	Bearbeitung	Telefon
10211/08	07.08.20..	bereits geliefert	Herr Voss	Frau Froese	040 / 7224179

Pos.	Gegenstand	Menge	ME	Preis	Gesamt
1	Kopierpapier DIN A, 80 gr/qm	5	500	3,99 €	19,95 €
2	Ordner, Leitz	10	1	5,45 €	54,50 €
	Zahlungsbedingungen: Zahlung innerhalb von 8 Tagen netto Kasse ohne Skontoabzug Bei der Zahlung erbitten wir die Angabe der Rechnungs- und Kundennummer. Wir danken für Ihren Auftrag.				
				Summe	74,45 €
				USt 19 %	14,15 €
				Gesamtbetrag	88,60 €

PAPPNASE
Alles für das Büro GmbH
Große Bleiche 2
20354 Hamburg
Telefon 040/356009-0
Fax 040/356009-39

Geschäftsführer:
Werner Lindemann
Frank Anger-Lindemann
Manfred Trommler
Manfred Wohlgemuth
HRB 40553 HgB
Steuernummer: 74/240/24680

Deutsche Bank
IBAN: DE41 2007 0000 3000 9500 00
BIC: DEBKDEFFXXX

Abb.: 75.1: fotolia.com, New York (Stumpf, Michael)

Immobilienverwaltung Steffen
Büros · EKZ · Läden

Warteneu 12 · 22089 Hamburg · Tel. (040)4155-58 · www.immo-steffen.de

Immobilienverwaltung Steffen • Warteneu 12 • 22089 Hamburg

taufrisch
Tina Fröhlich
Graf-Anton-Weg 71
22459 Hamburg

Ihr Zeichen:
Ihre Nachricht:
Unser Zeichen:
Unsere Nachricht:

Ansprechpartner: Jens Steffen
E-Mail: info@immo-steffen.de
Telefon: (040) 4155-58

Hamburg, 03.08.20..

Rechnungsnummer 08-1011

Miete für die Standfläche im EKZ Hamburg West für den Monat August 20..	1.300,00 €
Gesamtpreis netto	1.300,00 €
19 % MwSt.	247,00 €
Endbetrag	1.547,00 €

Die Rechnung wurde maschinell erstellt und ist nicht unterschrieben.

Fernruf (040)4155-58
Telefax (040)32139
www.immo-steffen.de

Bankverbindung
IBAN: DE72 2004 0000 1805 5000 00
BIC: COMMDEHHXXX

Unsere Steuernummer: 09/431/56789
Handelsregister-Nr. A 6224 beim Amtsgericht Hamburg
Erfüllungsort und Gerichtsstand für beide Teile Hamburg

minijob zentrale

taufrisch
Tina Fröhlich
Graf-Anton-Weg 71
22459 Hamburg

Anlage zum Kontoauszug

Gesamtabgabenberechnung
(basierend auf den erfassten Daten)

Monat: **August 20..**

(die nachstehend aufgeführten monatlichen Gesamtabgaben können Sie in den Beitragsnachweis übernehmen)

Prozentsätze	Beitragsgruppen	Abzuführende Beiträge	Beiträge
13,0	6000	zur Krankenversicherung	156,00 €
15,0	0500	zur Rentenversicherung	180,00 €
19,9	0100	voller Beitrag zur Rentenversicherung	0,00 €
0,77	U	Umlagen	9,24 €
2,0	ST	einheitliche Pauschsteuer	24,00 €
		zu zahlender Gesamtbetrag:	**369,24 €**

Arbeitnehmeranteile bei Rentenaufstockung (vom Lohn einzubehalten): 0,00 €

darauf entfallen für:		
1. Minijobber	Simon Schumacher	123,08 €
2. Minijobber	Alina Rauh	153,85 €
3. Minijobber	Maria Goldbek	92,31 €
4. Minijobber	Arbeitnehmer	0,00 €
5. Minijobber	Arbeitnehmer	0,00 €
6. Minijobber	Arbeitnehmer	0,00 €
7. Minijobber	Arbeitnehmer	0,00 €
8. Minijobber	Arbeitnehmer	0,00 €
9. Minijobber	Arbeitnehmer	0,00 €
10. Minijobber	Arbeitnehmer	0,00 €
	Gesamtbetrag	**369,24 €**

MJZE 08/20..

Minijob-Zentrale, 45115 Essen · Service-Center: 0355 2902 70799 · Fax 0201 384 979797 · minijob@minijob-zentrale.de

Knappschaft Bahn See

taufrisch
Säfte & mehr

taufrisch • Graf-Anton-Weg 71 • 22459 Hamburg

Fitness-Club
Alstertal
Poppenbüttler Str. 69
20359 Hamburg

Tina Fröhlich
Graf-Anton-Weg 71
22459 Hamburg

Telefon: 040/5524433
Telefax: 040/5524448
E-Mail: Tina@taufrisch-wvd.de
Internet: www.taufrisch-wvd.de

Kunden-Nr.: 10.100 Lieferschein-Nr.: 08-2.1–4 Datum: 17.08.20..

Rechnung Nr. 08-2

Vielen Dank für Ihren Auftrag!
Vom 03.08. bis 15.08.20.. erhielten Sie zu den Ihnen bekannten Lieferungs- und Zahlungsbedingungen:

Anzahl	Einheit	Artikelbezeichung	Einzelpreis	Gesamtpreis
23	Liter	Apfelsaft	6,00 €	138,00 €
50	Liter	Orangensaft	6,80 €	340,00 €
10	Liter	Ananassaft	8,00 €	80,00 €
8	Liter	Grapefruitsaft	8,00 €	64,00 €
				622,00 €
			19 % USt	118,18 €
				740,18 €

Bitte überweisen Sie den Rechnungsbetrag innerhalb von 10 Tagen auf mein Bankkonto.

Steuer-Nr.: 54/041/26200

IBAN: DE08 2001 0069 1216 4578 69
BIC: HANSDEHHXXX

ADAMS Fruchtimport
EXOTISCHE FRÜCHTE AUS ALLER WELT

Adams Fruchtimport · Bleickenallee 44 · 22763 Hamburg

taufrisch
Tina Fröhlich
Graf-Anton-Weg 71
22459 Hamburg

Bleickenallee 44
22763 Hamburg
Tel.: 040/120003
Fax: 040/150062
www.adams-frucht-wvd.de

Kd-Nr.: 15543

Datum: 31.08.20..

Rechnung Nr. 08.491

Laut Bestellung vom 04.08.20.. bis 31.08.20.. erhielten Sie lt. vorliegenden Lieferscheinen

Menge	ME	Bezeichnung	Preis/ME	Netto gesamt
1430	kg	Saft-Orangen – Israel	1,10 €	1.573,00 €
130	kg	Grapefruits	1,45 €	188,50 €
60	kg	Kiwis – Frankreich	3,80 €	228,00 €
220	kg	Ananas – Costa-Rica	1,30 €	286,00 €
50	St.	Zitronen	0,42 €	21,00 €
50	St.	Limetten	0,42 €	21,00 €

	Netto gesamt	2.317,50 €
7 %	Mehrwertsteuer	162,23 €
	Gesamtbetrag	2.479,73 €

Zahlungsbedingungen: 8 Tage netto ohne Abzug

Unsere Steuernummer: 02/176/07712
Bank: Hamburg Sparkasse · IBAN: DE23 2005 0550 1350 1200 00 · BIC: HASPDEHHXXX

ADAMS Fruchtimport
EXOTISCHE FRÜCHTE AUS ALLER WELT

Adams Fruchtimport · Bleickenallee 44 · 22763 Hamburg

taufrisch
Tina Fröhlich
Graf-Anton-Weg 71
22459 Hamburg

Bleickenallee 44
22763 Hamburg
Tel.: 040 / 120003
Fax: 040 / 150062
www.adams-frucht-wvd.de

Kd-Nr.: 15543

Datum: 06.08.20..

Rechnung Nr. 08.194

Laut Bestellung vom 31.07.20.. erhielten Sie am 01.08.20..

Menge	ME	Bezeichnung	Preis/ME	Netto gesamt
600	kg	Saft-Orangen – Spanien	1,10 €	660,00 €
100	kg	Grapefruits	1,45 €	145,00 €
25	kg	Kiwis – Frankreich	3,80 €	95,00 €
10	kg	Fliederbeeren	2,50 €	25,00 €
150	kg	Ananas – Guatemala	1,30 €	195,00 €
70	St.	Zitronen	0,42 €	29,40 €
40	St.	Limetten	0,42 €	16,80 €

	Netto gesamt	1.166,20 €
7 %	Mehrwertsteuer	81,63 €
	Gesamtbetrag	1.247,83 €

Zahlungsbedingungen: 8 Tage netto ohne Abzug

Unsere Steuernummer: 02/176/07712
Bank: Hamburg Sparkasse · IBAN: DE23 2005 0550 1350 1200 00 · BIC: HASPDEHHXXX

taufrisch
Säfte & mehr

taufrisch • Graf-Anton-Weg 71 • 22459 Hamburg

Tina Fröhlich
Graf-Anton-Weg 71
22459 Hamburg

Kinderstube
Eimsbüttel
Bismarckstr. 98
20359 Hamburg

Telefon: 040/5524433
Telefax: 040/5524448
E-Mail: Tina@taufrisch-wvd.de
Internet: www.taufrisch-wvd.de

Kunden-Nr.: 10.200 Lieferschein-Nr.: 08-3.4 Datum: 24.08.20..

Lieferschein

Vielen Dank für Ihren Auftrag!
Am 24.08.20.. erhielten Sie zu den Ihnen bekannten Lieferungs- und Zahlungsbedingungen:

Anzahl	Einheit	Artikelbezeichnung
10	Liter	Apfelsaft
20	Liter	Orangensaft

Steuer-Nr.: 54/041/26200

IBAN: DE08 2001 0069 1216 4578 69
BIC: HANSDEHHXXX

Norddeutsche Leasing GmbH

Leasinggesellschaft für Industrie und Handel
Kieler Str. 345 · 22525 Hamburg

NDL · Kieler Str. 345 · 22525 Hamburg

taufrisch
Tina Fröhlich
Graf-Anton-Weg 71
22459 Hamburg

Telefon (040) 5107340
Fax (040) 5113607
www.NDL-Hamburg.de

10.08.20..

Rechnungsnummer 08-1450

Für das Leasing Ihrer Geschäftsausstattung im Monat August 20.. berechnen wir:

Verkaufstresen mit Kühlung und Geschirrspüler	250,00 €
Saftpresse „Gastro" einschl. Zubehör	50,00 €
Adler-Kassensystem einschl. Papierrollen	25,00 €
Regalwand mit abschließbaren Glastüren und Beleuchtung	75,00 €
Rechnungsbetrag netto	400,00 €
19 % MwSt.	76,00 €
Endsumme	**476,00 €**

Bitte überweisen Sie den Betrag auf das angegebene Konto.

Unsere Steuernummer: 54/183/87654
Bankverbindung: Hamburger Sparkasse · IBAN: DE53 2005 0550 1295 1243 57
Amtsgericht Hamburg · Handelsregister Nr. B 9090 · Geschäftsführerin Anneliese Teichert

taufrisch
Säfte & mehr

taufrisch • Graf-Anton-Weg 71 • 22459 Hamburg

Kinderstube
Eimsbüttel
Bismarckstr. 98
20359 Hamburg

Tina Fröhlich
Graf-Anton-Weg 71
22459 Hamburg

Telefon: 040/5524433
Telefax: 040/5524448
E-Mail: Tina@taufrisch-wvd.de
Internet: www.taufrisch-wvd.de

Kunden-Nr.: 10.200   Lieferschein-Nr.: 08-5.1–5   Datum: 17.08.20..

Rechnung Nr. 08-1

Vielen Dank für Ihren Auftrag!
Vom 03.08. bis 15.08.20.. erhielten Sie zu den Ihnen bekannten Lieferungs- und Zahlungsbedingungen:

Anzahl	Einheit	Artikelbezeichung	Einzelpreis	Gesamtpreis
25	Liter	Apfelsaft	6,00 €	150,00 €
50	Liter	Orangensaft	6,80 €	340,00 €
				490,00 €
			19 % USt	93,10 €
				583,10 €

Bitte überweisen Sie den Rechnungsbetrag innerhalb von 10 Tagen auf mein Bankkonto.

Steuer-Nr.: 54/041/26200

IBAN: DE08 2001 0069 1216 4578 69
BIC: HANSDEHHXXX

HANSEATISCHE BANK AG

Hanseatische Bank AG
Postfach 105530, 20038 Hamburg
Telefon 0180/3330000
Telefax 0180/3330099
www.hanseatische-bank.de
Steuer-Nr.: 27/190/13579

taufrisch
Säfte & mehr
Tina Fröhlich
Graf-Anton-Weg 71
22459 Hamburg

Telefon-Nummer für Rückfragen
0180/3330011

Personen-Nummer (1. Kontoinhaber)
81286245

Kontobezeichnung
KONTOKORRENT-KONTO
IBAN: DE08 2001 0069 1216 4578 69
BIC: HANSDEHHXXX

Kontoinhaber
Tina Fröhlich

Kontoauszug Nr. 1

Kontonummer	Währung	Auszugsdatum	Letzter Kontoauszug vom	Seite	Alter Kontostand
1216457689	€	31.08.20..		2	0,00 €

Buchungstag	Wertstellung	Buchungstext/Verwendungszweck	Umsatz	Saldo
03.08.	03.08.	Bareinzahlung	+ 3.500,00 €	3.500,00 €
05.08.	05.08.	Immobilien Steffen Rg. Nr. 08-1011	− 1.547,00 €	1.953,00 €
07.08.	07.08.	Pappnase Rg. Nr. 42415 vom 7.08.20..	−88,60 €	1.864,40 €
08.08.	08.08.	Bareinzahlung	+2.500,00 €	4.364,40 €
13.08.	13.08.	Adams Rg. Nr. 08.194 vom 6.08.20..	− 1.247,83 €	3.116,57 €
14.08.	14.08.	NDL Rg. Nr, 08-1450 vom 10.08.20..	− 476,00 €	2.640,57 €
14.08.	14.08.	Gastrozubehör Smid Rg. Nr. 2270-08 vom 12.08.20..	− 517,65 €	2.122,92 €
15.08.	15.08.	Bareinzahlung	+3.000,00 €	5.122,92 €
15.08.	15.08.	Obsthof Böhm Rg. Nr. 081-J vom 3.08.20..	− 561,75 €	4.561,17 €
15.08.	15.08.	Finanzkasse Hamburg USt-Vorausz. Juli. 20..	− 1.246,21 €	3.314,96 €
22.08.	22.08.	Bareinzahlung	+2.000,00 €	5.314,96 €
24.08.	24.08.	Kinderstube Eimsbüttel Rg. Nr. 08-1 vom 17.08.20..	+583,10 €	5.898,06 €
27.08.	27.08.	Finess-Club Rg. Nr. 08-2 vom 17.08.20..	+740,18 €	6.638,24 €
28.08.	28.08.	Tele Hamburg vom 20.08.20..	− 57,77 €	6.580,47 €
28.08.	28.08.	Aushilfe Schumacher	− 400,00 €	6.180,47 €
28.08.	28.08.	Aushilfe Rauh	− 500,00 €	5.680,47 €
28.08.	28.08.	Aushilfe Goldbek	− 300,00 €	5.380,47 €
29.08.	29.08.	Bareinzahlung	+3.000,00 €	8.380,47 €
31.08.	31.08.	Knappschaft Bahn Abgaben Aushilfen Aug. 20..	− 369,24 €	8.011,23 €

Dispolimit	Neuer Kontostand
2.500,00 €	8.011,23 €

taufrisch
Säfte & mehr

Anlage zum Kontoauszug

Gehaltsliste für den Monat August 20..

Name	Tätigkeit	Betrag	Auszahlungstermin	Zahlungsweise
Simon Schumacher	Aushilfe	400,00	28.08.20..	Bank
Alina Rauh	Aushilfe	500,00	28.08.20..	Bank
Maria Goldbek	Aushilfe	300,00	28.08.20..	Bank

taufrisch Säfte & mehr

Kassenbuch
Monat August 20..

Lfd. Nr.	Datum	Text	Einzahlungen (+)	Auszahlungen (-)	Saldo	Gegen-kontonr.
	01.08.	Anfangsbestand			4.455,53 €	
1		Laufkundschaft	485,00 €		4.940,53 €	
2	05.08.	Bankeinzahlung		3.500,00 €	1.440,53 €	
3	08.08.	Laufkundschaft Woche 1	2.286,00 €		3.726,53 €	
4		Bankeinzahlung		2.500,00 €	1.226,53 €	
5	15.08.	Laufkundschaft Woche 2	2.539,00 €		3.765,53 €	
6		Bankeinzahlung		3.000,00 €	765,53 €	
7	22.08.	Laufkundschaft Woche 3	2.577,00 €		3.342,53 €	
8		Diesel-Kraftstoff		47,01 €	3.295,52 €	
9		Bankeinzahlung		2.000,00 €	1.295,52 €	
10	29.08.	Laufkundschaft Woche 4	2.728,00 €		4.023,52 €	
11		Bankeinzahlung		3.000,00 €	1.023,52 €	
12	31.08.	Laufkundschaft	312,00 €		1.335,52 €	

Entgegen den Vorschriften sind die Tageseinnahmen wochenweise zusammengefasst, damit nicht so viele gleichlautende Buchungen erledigt werden müssen.

OBSTHOF BÖHM

Bestes aus dem Alten Land

Fritz Böhm · Wiesengrund 12 · 21682 Stade
Mobil: 0172/451632908

Obsthof Böhm · Wiesengrund 12 · 21682 Stade

taufrisch
Tina Fröhlich
Graf-Anton-Weg 71
22459 Hamburg

Kunden -Nr.:	10.854
Lieferschein-Nr.:	1534
Datum:	20.08.20..

Rechnung Nr. 082-J

Vielen Dank für Ihren Auftrag vom 18.08.20..
Am 20.08.20.. erhielten Sie zu den Ihnen bekannten Lieferungs- und Zahlungsbedingungen:

Anzahl	Einheit	Artikelbezeichnung	Einzelpreis	Gesamtpreis
325	kg	Äpfel Sorte: Cox	1,50 €	487,50 €
				487,50 €
		7% Umsatzsteuer		34,13 €
				521,63 €

Zahlbar innerhalb von 14 Tagen netto Kasse

IBAN: DE84 2001 0020 1251 4817 10
BIC: PBNKDEFFXXX

Unsere Steuernummer: 43/133/06610

Abb.: 99.1: fotolia.com, New York (Reichartz, Hans-Peter)

Monat August 20.. / Beleg-Nr. ________

Gastrozubehör **Smid**

Günter Smid GmbH • Wandsbecker Zollstr. 38 • 22041 Hamburg

taufrisch
Tina Fröhlich
Graf-Anton-Weg 71
22459 Hamburg

Ansprechpartner:	Kevin Schröder
Abteilung:	Vertrieb
Telefon:	040 / 65 72 8-78
Telefax:	040 / 65 72 8-100
E-Mail:	kevin.schroeder@gastro-smid-wvd.de
Internet:	www.gastro-smid-wvd.de
Datum:	12.08.20..

RECHNUNG

Rechnungs-Nr.: 2270-08
Lieferdatum: 05.08.20..

Menge	ME	Bezeichnung	Preis	Gesamt
60	100	Recyclingbecher, 0,2 l, mit Logo „taufrisch"	5,00 €	300,00 €
2	10	Saftgläser 0,2 l, mit Logo „taufrisch"	10,00 €	20,00 €
10	St.	Mehrwegbehälter 1 l, mit Logo „taufrisch"	2,50 €	100,00 €
6	St.	Mehrwegbehälter 3 l, mit Logo „taufrisch"	5,00 €	30,00 €
10	Pakete	Geschirrspülmittel und Klarspüler	2,00 €	20,00 €
40	100	Trinkhalme	1,00 €	40,00 €
			Betrag netto	435,00 €
			Umsatzsteuer 19 %	82,65 €
			Gesamtbetrag	**517,65 €**

Zahlbar sofort, rein netto, ohne Abzug.

Unsere Steuernummer: 08/230/45678

per Bank bezahlt
14.08.20..

Günter Smid GmbH
Wandsbeker Zollstr. 38
22041 Hamburg

Telefon 040 / 65 72 8-0
Telefax 040 / 65 72 8-100
info@gastro-smid.wvd.de
www.gastro-smid.wvd.de

COMMBANK
IBAN: DE16 2005 0000 0281 6818 00
BIC: COMMDEHHXXX

Geschäftsführer:
Günter Smid
Amtsgericht Hamburg
Handelsregister B 13458

Abb.: 101.1: fotolia.com, New York (Tasosk)

taufrisch
Säfte & mehr

taufrisch • Graf-Anton-Weg 71 • 22459 Hamburg

Fitness-Club
Alstertal
Poppenbüttler Str. 69
20359 Hamburg

Tina Fröhlich
Graf-Anton-Weg 71
22459 Hamburg

Telefon: 040/5524433
Telefax: 040/5524448
E-Mail: Tina@taufrisch-wvd.de
Internet: www.taufrisch-wvd.de

Kunden-Nr.: 10.100   Lieferschein-Nr.: 08-4.1–4   Datum: 31.08.20..

Rechnung Nr. 08-4

Vielen Dank für Ihren Auftrag!
Vom 17.08. bis 31.08.20.. erhielten Sie zu den Ihnen bekannten Lieferungs- und Zahlungsbedingungen:

Anzahl	Einheit	Artikelbezeichung	Einzelpreis	Gesamtpreis
27	Liter	Apfelsaft	6,00 €	162,00 €
30	Liter	Orangensaft	6,80 €	204,60 €
6	Liter	Ananassaft	8,00 €	48,00 €
8	Liter	Grapefruitsaft	8,00 €	64,00 €
				478,00 €
			19 % USt	90,82 €
				568,82 €

Bitte überweisen Sie den Rechnungsbetrag innerhalb von 10 Tagen auf mein Bankkonto.

Steuer-Nr.: 54/041/26200

IBAN: DE08 2001 0069 1216 4578 69
BIC: HANSDEHHXXX

Autohaus Süd

Inhaber Hartmut Bröcker
Steuer-Nr. 03/122/34567
Kleine Str. 70
21075 Hamburg
Tel. 040 / 76 89 43
Fax 040 / 76 89 44
www.auto-sued-wvd.de
Kunden-Nr. 1520
Debitor 12365
Kunden-Berater Jürgen Krause

Autohaus Süd · Kleine Str. 70 · 21075 Hamburg

taufrisch
Tina Fröhlich
Graf-Anton-Weg 71
22459 Hamburg

Datum 31.08.20..

Rechnungsnummer 08-1520

Komplett-Leasing Ihres Transportfahrzeuges im August 20..	300,00 €
Gesamtpreis netto	300,00 €
19 % MwSt.	57,00 €
Endbetrag	**357,00 €**

Bitte überweisen Sie den Betrag auf das angegebene Konto.

Bankverbindung · IBAN: DE54 2001 0020 1234 1205 59 · BIC: PBNKDEFFXXX

OBSTHOF BÖHM

Bestes aus dem Alten Land

Fritz Böhm · Wiesengrund 12 · 21682 Stade
Mobil: 0172/451632908

Obsthof Böhm · Wiesengrund 12 · 21682 Stade

taufrisch
Tina Fröhlich
Graf-Anton-Weg 71
22459 Hamburg

Kunden-Nr.: 10.854
Lieferschein-Nr.: 1481

Datum: 03.08.20..

Rechnung Nr. 081-J

Vielen Dank für Ihren Auftrag vom 31.07.20..
Am 01.08.20.. erhielten Sie zu den Ihnen bekannten Lieferungs- und Zahlungsbedingungen:

Anzahl	Einheit	Artikelbezeichnung	Einzelpreis	Gesamtpreis
350	kg	Äpfel Sorte: Elstar	1,50 €	525,00 €
				525,00 €
		7 % Umsatzsteuer		36,75 €
				561,75 €

Zahlbar innerhalb von 14 Tagen netto Kasse

IBAN: DE84 2001 0020 1251 4817 10
BIC: PBNKDEFFXXX

Unsere Steuernummer: 43/133/06610

Abb.: 107.1: fotolia.com, New York (Reichartz, Hans-Peter)

taufrisch
Säfte & mehr

taufrisch • Graf-Anton-Weg 71 • 22459 Hamburg

Kinderstube
Eimsbüttel
Bismarckstr. 98
20359 Hamburg

Tina Fröhlich
Graf-Anton-Weg 71
22459 Hamburg

Telefon: 040/5524433
Telefax: 040/5524448
E-Mail: Tina@taufrisch-wvd.de
Internet: www.taufrisch-wvd.de

Kunden-Nr.: 10.200 Lieferschein-Nr.: 08-3.1-7 Datum: 31.08.20..

Rechnung Nr. 08-3

Vielen Dank für Ihren Auftrag!
Vom 17.08. bis 31.08.20.. erhielten Sie zu den Ihnen bekannten Lieferungs- und Zahlungsbedingungen:

Anzahl	Einheit	Artikelbezeichnung	Einzelpreis	Gesamtpreis
32	Liter	Apfelsaft	6,00 €	192,00 €
50	Liter	Orangensaft	6,80 €	340,00 €
				532,00 €
			19 % USt	101,08 €
				633,08 €

Bitte überweisen Sie den Rechnungsbetrag innerhalb von 10 Tagen auf mein Bankkonto.

Steuer-Nr.: 54/041/26200

IBAN: DE08 2001 0069 1216 4578 69
BIC: HANSDEHHXXX

Belege September

HEM TANKSTELLE

Hammer Landstrasse 202
20537 Hamburg
Tel. 040/211511
Fax 040/211654
Obj.Nr. 0000001115

Unsere Steuernummer: 09/220/98765

Beleg-Nr. 4998/008/002345

06.09.20 · 14:21

BARVERKAUF

0000014	DIESEL-KRAFTSTOFF	60,00	€
	Zp 02 30,63 l	1,959	€
	Gesamtbetrag	60,00	€
	Netto	50,42	€
	MwSt. 19 %	9,58	€

Gesamtbetrag 60,00 €

Das oben genannte Datum entspricht dem Rechnungs- und Leistungdatum.

HEM Tankstelle wünscht Ihnen eine gute Fahrt

taufrisch
Säfte & mehr

Verkäufe an die Laufkundschaft im Monat August 20.. laut Registrierkasse

Datum	Text	Betrag	Woche
01.09.	Laufkundschaft	323,00 €	
02.09.	Laufkundschaft	284,00 €	
03.09.	Laufkundschaft	332,00 €	
04.09.	Laufkundschaft	357,00 €	
05.09.	Laufkundschaft	493,00 €	1.789,00 €
07.09.	Laufkundschaft	567,00 €	
08.09.	Laufkundschaft	298,00 €	
09.09.	Laufkundschaft	325,00 €	
10.09.	Laufkundschaft	286,00 €	
11.09.	Laufkundschaft	256,00 €	
12.09.	Laufkundschaft	503,00 €	2.235,00 €
14.09.	Laufkundschaft	532,00 €	
15.09.	Laufkundschaft	534,00 €	
16.09.	Laufkundschaft	606,00 €	
17.09.	Laufkundschaft	535,00 €	
18.09.	Laufkundschaft	565,00 €	
19.09.	Laufkundschaft	791,00 €	3.563,00 €
21.09.	Laufkundschaft	612,00 €	
22.09.	Laufkundschaft	632,00 €	
23.09.	Laufkundschaft	558,00 €	
24.09.	Laufkundschaft	724,00 €	
25.09.	Laufkundschaft	730,00 €	
26.09.	Laufkundschaft	487,00 €	3.743,00 €
28.09.	Laufkundschaft	319,00 €	
29.09.	Laufkundschaft	473,00 €	
30.09.	Laufkundschaft	302,00 €	1.094,00 €

taufrisch
Säfte & mehr

Umsätze an Laufkundschaft nach Sparten laut Kasse für den Monat September 20..

Saftart	Anzahl Becher lt. Kasse	Preis brutto je Becher	Umsatz lt. Kasse
Orangensaft	2.401	2,00 €	5.240,00 €
Grapefruitsaft	238	2,50 €	787,50 €
Ananassaft	260	2,50 €	935,00 €
Apfelsaft	1.665	1,80 €	3.267,00 €
Kiwisaft	250	2,50 €	625,00 €
Fliederbeerensaft	59	2,50 €	72,50 €
Orange-Grapefruit-Smoothie	506	2,50 €	1.265,00 €
Ananas-Kiwi-Smoothie	505	2,50 €	1.262,50 €
Gesamt	**5.916**		**12.424,00 €**

taufrisch
Säfte & mehr

taufrisch • Graf-Anton-Weg 71 • 22459 Hamburg

Tina Fröhlich
Graf-Anton-Weg 71
22459 Hamburg

Fitness-Club
Alstertal
Poppenbüttler Str. 69
20359 Hamburg

Telefon: 040/5524433
Telefax: 040/5524448
E-Mail: Tina@taufrisch-wvd.de
Internet: www.taufrisch-wvd.de

Kunden-Nr.: 10.100 Lieferschein-Nr.: 09-2.1–4 Datum: 30.09.20..

Rechnung Nr. 09-2

Vielen Dank für Ihren Auftrag!
Vom 01.09. bis 30.09.20.. erhielten Sie zu den Ihnen bekannten Lieferungs- und Zahlungsbedingungen:

Anzahl	Einheit	Artikelbezeichnung	Einzelpreis	Gesamtpreis
50	Liter	Apfelsaft	6,00 €	300,00 €
100	Liter	Orangensaft	6,80 €	680,00 €
18	Liter	Ananassaft	8,00 €	144,00 €
20	Liter	Grapefruitsaft	8,00 €	160,00 €
				1.284,00 €
			19 % USt	243,96 €
				1.527,96 €

Bitte überweisen Sie den Rechnungsbetrag innerhalb von 10 Tagen auf mein Bankkonto.

Steuer-Nr.: 54/041/26200

IBAN: DE08 2001 0069 1216 4578 69
BIC: HANSDEHHXXX

ADAMS Fruchtimport
EXOTISCHE FRÜCHTE AUS ALLER WELT

Adams Fruchtimport · Bleickenallee 44 · 22763 Hamburg

taufrisch
Tina Fröhlich
Graf-Anton-Weg 71
22459 Hamburg

Bleickenallee 44
22763 Hamburg
Tel.: 040/120003
Fax: 040/150062
www.adams-frucht-wvd.de

Kd-Nr.: 15543

Datum: 30.09.20..

Rechnung Nr. 09.234

Laut Bestellung vom 01.09.20.. bis 30.09.20.. erhielten Sie

Menge	ME	Bezeichnung	Preis/ME	Netto gesamt
1.960	kg	Bio-Saft-Orangen	1,10 €	2.156,00 €
280	kg	Grapefruits	1,50 €	420,00 €
180	kg	Kiwis – Neuseeland	3,95 €	711,00 €
20	kg	Fliederbeeren	2,50 €	50,00 €
370	kg	Ananas – Guatemala	1,40 €	518,00 €
150	St.	Zitronen	0,55 €	82,50 €
100	St.	Limetten	0,55 €	55,00 €

	Netto gesamt	3.992,50 €
7 %	Mehrwertsteuer	279,48 €
	Gesamtbetrag	**4.271,98 €**

Zahlungsbedingungen: 8 Tage netto ohne Abzug

Unsere Steuernummer: 02/176/07712
Bank: Hamburg Sparkasse · IBAN: DE23 2005 0550 1350 1200 00 · BIC: HASPDEHHXXX

Monat September 20.. / Beleg-Nr. ________

OBSTHOF BÖHM
Bestes aus dem Alten Land
Fritz Böhm · Wiesengrund 12 · 21682 Stade
Mobil: 0172/451632908

Obsthof Böhm · Wiesengrund 12 · 21682 Stade

taufrisch
Tina Fröhlich
Graf-Anton-Weg 71
22459 Hamburg

Kunden-Nr.:	10.854
Lieferschein-Nr.:	1907
Datum:	30.09.20..

Rechnung Nr. 091-J

Vielen Dank für Ihren Auftrag vom 03.09.20..
Am 01.09.20.. bis 30.09.20.. erhielten Sie zu den Ihnen bekannten Lieferungs- und Zahlungsbedingungen:

Anzahl	Einheit	Artikelbezeichnung	Einzelpreis	Gesamtpreis
620	kg	Äpfel Sorte: Elstar	1,50 €	930,00 €
				930,00 €
		7% Umsatzsteuer		65,10 €
				995,10 €

Zahlbar innerhalb von 14 Tagen netto Kasse

IBAN: DE84 2001 0020 1251 4817 10
BIC: PBNKDEFFXXX

Unsere Steuernummer: 43/133/06610

Abb.: 121.1: fotolia.com, New York (Reichartz, Hans-Peter)

HANSEATISCHE BANK AG

Hanseatische Bank AG
Postfach 105530, 20038 Hamburg
Telefon 0180/3330000
Telefax 0180/3330099
www.hanseatische-bank.de
Steuer-Nr.: 27/190/13579

taufrisch
Säfte & mehr
Tina Fröhlich
Graf-Anton-Weg 71
22459 Hamburg

Telefon-Nummer für Rückfragen
0180/3330011

Personen-Nummer (1. Kontoinhaber)
81286245

Kontobezeichnung
KONTOKORRENT-KONTO
IBAN: DE08 2001 0069 1216 4578 69
BIC: HANSDEHHXXX

Kontoinhaber
Tina Fröhlich

Kontoauszug Nr. 2

Kontonummer	Währung	Auszugsdatum	Letzter Kontoauszug vom	Seite	Alter Kontostand
1216457689	€	30.09.30..		2	8.011,23 €

Buchungstag	Wertstellung	Buchungstext/Verwendungszweck	Umsatz	Saldo
03.09.	03.09.	Obsthof Böhm Rg. Nr. 082-J vom 20.08.20..	– 521,63 €	7.489,60 €
03.09.	03.09.	Smid für Standmixer, Re. v. 03.09.20.. Nr. 2260-09	– 1.570,80 €	5.918,80 €
03.09.	03.09.	Smid für Kassensystem, Re. v. 03.09.20.. Nr. 2270-09	– 1.428,00 €	4.490,80 €
04.09.	04.09.	Adams Rg. Nr. 08.491 vom 31.08.20..	– 2.479,73 €	2.011,07 €
04.09.	04.09.	Autohaus Süd, Leasingrate Sept., Rg. Nr. 08-1520	– 357,00 €	1.654,07 €
04.09.	04.09.	NDL Rg. Nr, 09-1450 vom 03.09.20..	– 446,25 €	1.207,82 €
07.09.	07.09.	Bareinzahlung	+ 2.000,00 €	3.207,82 €
08.09.	08.09.	Immobilien Steffen, Rg. Nr. 09-1011	– 1.547,00 €	1.660,82 €
09.09.	09.09.	Kinderstube Eimsbüttel Rg. Nr. 08-3 vom 31.08.20..	+ 633,08 €	2.293,90 €
09.09.	09.09.	Pappnase, Rg. Nr. 51318 v. 6.09.20..	– 98,83 €	2.195,07 €
09.09.	09.09.	Finanzkasse Hamburg, USt-Vorausz. Aug. 20..	– 1.339,56 €	855,51 €
10.09.	10.09.	Finess-Club Rg. Nr. 08-4 vom 31.08.20..	+ 568,82 €	1.424,33 €
14.09.	14.09.	Bareinzahlung	+ 2.000,00 €	3.424,33 €
15.09.	15.09.	Gastrozubehör Smid, Rg. Nr. 2270-09 v. 10.09.	– 533,12 €	2.891,21 €
21.09.	21.09.	Bareinzahlung	+ 4.000,00 €	6.891,21 €
28.09.	28.09.	Bareinzahlung	+ 4.000,00 €	10.891,21 €
29.09.	29.09.	Tele Hamburg v. 20.09.20..	– 72,69 €	10.818,52 €
29.09.	29.09.	Aushilfe Schumacher	– 400,00 €	10.418,52 €
29.09.	29.09.	Aushilfe Rauh	– 500,00 €	9.918,52 €
29.09.	29.09.	Aushilfe Goldbek	– 300,00 €	9.618,52 €
29.09.	29.09.	Knappschaft Bahn Abgaben Aushilfen Sept. 20..	– 369,24 €	9.249,28 €
29.09.	29.09.	Auszahlung Darlehen für Kfz-Kauf	+ 6.000,00 €	15.249,28 €
30.09.	30.09.	Autohaus Süd, Pkw-Kauf lt. Re. v. 30.09.20..	– 7.193,55 €	8.055,73 €
			Dispolimit	Neuer Kontostand
			2.500,00 €	8.055,73 €

Autohaus Süd

Inhaber Hartmut Bröcker
Steuer-Nr. 03/122/34567
Kleine Str. 70
21075 Hamburg
Tel. 040 / 768943
Fax 040 / 768944
www.auto-sued-wvd.de

Kunden-Nr. 1520
Debitor 12365
Kunden-Berater Jürgen Krause

Autohaus Süd · Kleine Str. 70 · 21075 Hamburg

taufrisch
Tina Fröhlich
Graf-Anton-Weg 71
22459 Hamburg

Datum 30.09.20..

Rechnungsnummer 09-1520-2

1 Gebrauchtwagen „VW Polo 9 N"		6.000 €
Erstzulassung:	11.07.20..	
Km-Stand:	82.000	
Leistung:	47/64 kw/PS	
Hubraum:	1.200 cm³	
Farbe:	indigoblau metallic	
Ausstattung:	5-türig, Klimaanlage, Sitzheizung, Scheinwerferreinigung, Radio/CD, Winterreifen	

Wir gewähren Ihnen eine Werkstattgarantie von 6 Monaten!

Anmeldegebühren	25,00 €
Kfz-Kennzeichen	20,00 €
Gesamtpreis netto	6.045,00 €
19 % MwSt.	1.148,55 €
Endbetrag	**7.193,55 €**

Bitte überweisen Sie den Betrag auf das angegebene Konto.

Bankverbindung · IBAN: DE54 2001 0020 1234 1205 59 · BIC: PBNKDEFFXXX

Gastrozubehör **Smid**

Günter Smid GmbH • Wandsbecker Zollstr. 38 • 22041 Hamburg

taufrisch
Tina Fröhlich
Graf-Anton-Weg 71
22459 Hamburg

Ansprechpartner: Kevin Schröder
Abteilung: Vertrieb

Telefon: 040 / 65 72 8-78
Telefax: 040 / 65 72 8-100
E-Mail: kevin.schroeder@gastro-smid-wvd.de
Internet: www.gastro-smid-wvd.de

Datum: 03.09.20..

RECHNUNG

Rechnungs-Nr.: 2261-09
Lieferdatum: 01.09.20..

Menge	ME	Bezeichnung	Preis	Gesamt
1	1	Schumann Kassensystem SE-C2000MB mit Schublade, Gehäusefarbe: weiß TECHNISCHE DATEN: · 200 Warengruppen bis zu 12 Testzeichen pro Zeile · 2000 PLUs für eine schnelle und fehlerfreie Registrierung · 4 Steuertabellen mit MwSt.- oder Umsatzsteuer-Funktion · PC-Anschluss · Tastatur: Hubtasten · große Schublade DRUCKER: · Thermodrucksystem, ma. 14 Zeilen pro Sekunde ABMESSUNGEN (B x T x H): · 400 x 450 x 213 mm mit großer Schublade (M)	1.200,00€	1.200,00€
			Betrag netto	1.200,00€
			Umsatzsteuer 19%	228,00€
			Gesamtbetrag	**1.428,00€**

Zahlbar sofort, rein netto, ohne Abzug.

Unsere Steuernummer: 08/230/45678

Günter Smid GmbH
Wandsbeker Zollstr. 38
22041 Hamburg

Telefon 040 / 65 72 8-0
Telefax 040 / 65 72 8-100
info@gastro-smid.wvd.de
www.gastro-smid.wvd.de

COMMBANK
IBAN: DE16 2005 0000 0281 6818 00
BIC: COMMDEHHXXX

Geschäftsführer:
Günter Smid
Amtsgericht Hamburg
Handelsregister B 13458

Abb.: 127.1: fotolia.com, New York (Tasosk)

Pappnase Alles für das Büro GmbH

PAPPNASE – Alles für das Büro • Große Bleiche 2 • 20354 Hamburg

taufrisch
Tina Fröhlich
Graf-Anton-Weg 71
22459 Hamburg

Rechnung 51318
Kunden-Nr. KA010062
Datum 06.09.20..
Seite 1

Auftrags-Nr.	Bestellung vom	Lieferdatum	Beratung	Bearbeitung	Telefon
10062/12	06.09.20..	bereits geliefert	Herr Voss	Frau Froese	040 / 7224179

Pos.	Gegenstand	Menge	ME	Preis	Gesamt
1	Vordrucke Visitenkarten	1	1.000	49,90 €	49,90 €
2	Ordner, Leitz	5	1	5,45 €	27,25 €
	Kopierpapier DIN A4, 80gr/qm, farbig	1	500	5,90 €	5,90 €
	Zahlungsbedingungen: Zahlung innerhalb von 8 Tagen netto Kasse ohne Skontoabzug Bei der Zahlung erbitten wir Angaben der Rechnungs- und Kundennummer. Wir danken für Ihren Auftrag				
				Summe	83,05 €
				USt 19 %	15,78 €
				Gesamtbetrag	98,83 €

PAPPNASE
Alles für das Büro GmbH
Große Bleiche 2
20354 Hamburg
Telefon 040/356009-0
Fax 040/356009-39

Geschäftsführer:
Werner Lindemann
Frank Anger-Lindemann
Manfred Trommler
Manfred Wohlgemuth
HRB 40553 HgB
Steuernummer: 74/240/24680

Deutsche Bank
IBAN: DE41 2007 0000 3000 9500 00
BIC: DEBKDEFFXXX

Abb.: 129.1: fotolia.com, New York (Stumpf, Michael)

HANSEATISCHE BANK AG

Darlehensvertrag

Zwischen

Hanseatische Bank AG
Börsenbrücke 111, 20457 Hamburg,

nachfolgend **Darlehensgeber** genannt und

der Fa. „taufrisch“, Inhaberin: Frau Tina Fröhlich, geboren am 27.06.1985,
wohnhaft Graf-Anton-Weg 71, 22459 Hamburg

nachfolgend **Darlehensnehmer** genannt,

wird folgende Vereinbarung getroffen:

§ 1 Darlehensbetrag und -zweck
Der Darlehensnehmer erhält vom Darlehensgeber ein Darlehen in Höhe von

6.000,00 €

zur Anschaffung eines Pkw.

§ 2 Auszahlung
Der Darlehensbetrag ist bis zum 29.09.20.. auf das Konto (IBAN: DE08 2001 0069 1216 4578 69) bei der Hanseatischen Bank (BIC: HANSDEHHXXX) des Darlehensnehmers zu überweisen.

§ 3 Tilgung
Das Darlehen ist innerhalb von drei Jahren in vierteljährlichen Raten zu 500,00 €, erstmals zum 31.12.20.., zurückzuzahlen.

§ 4 Zinssatz und Zinszahlungen
Das Darlehen ist mit 5,00 % p.a. zu verzinsen. Die Zinsen sind jeweils zum Ende eines Quartals, beginnend am 31. Dezember 20.., fällig.
Der Zinssatz gilt für die gesamte Laufzeit von 3 Jahren.
Der Tilgungs- und Zinszahlungsplan ist diesem Vertrag beigefügt.

§ 5 Sicherheiten
Zur Sicherheit für alle Forderungen aus diesem Vertrag übergibt der Darlehensnehmer die Zulassungsbescheinigung Teil II (Kfz-Brief) an den Darlehensgeber.

§ 6 Kündigung
Kommt der Darlehensnehmer mit seiner Zahlungsverpflichtung mehr als vier Wochen in Verzug, so kann der Darlehensgeber das Darlehen fristlos kündigen und den Darlehensrest nebst aufgelaufenen Zinsen sofort fällig stellen.

§ 7 Salvatorische Klausel
Für den Fall, dass einzelne Vertragsklauseln unwirksam sein sollten, wird die Rechtswirksamkeit der übrigen Vertragsteile nicht berührt.

Hamburg, 25. September 20.. Hanseatische Bank AG

Tina Fröhlich
Darlehensnehmerin

Theo Myer
Darlehensgeber

Monat September 20.. / Beleg-Nr. ________

Autohaus Süd

Inhaber Hartmut Bröcker
Steuer-Nr. 03/122/34567
Kleine Str. 70
21075 Hamburg
Tel. 040 / 768943
Fax 040 / 768944
www.auto-sued-wvd.de
Kunden-Nr. 1520
Debitor 12365
Kunden-Berater Jürgen Krause

Autohaus Süd · Kleine Str. 70 · 21075 Hamburg

taufrisch
Tina Fröhlich
Graf-Anton-Weg 71
22459 Hamburg

Datum 30.09.20..

Rechnungsnummer 09-1520

Komplett-Leasing Ihres Transportfahrzeuges im September 20..	300,00 €
Gesamtpreis netto	300,00 €
19 % MwSt.	57,00 €
Endbetrag	**357,00 €**

Bitte überweisen Sie den Betrag auf das angegebene Konto.

Bankverbindung · IBAN: DE54 2001 0020 1234 1205 59 · BIC: PBNKDEFFXXX

Monat September 20.. / Beleg-Nr. ________

Gastrozubehör **Smid**

Günter Smid GmbH • Wandsbecker Zollstr. 38 • 22041 Hamburg

taufrisch
Tina Fröhlich
Graf-Anton-Weg 71
22459 Hamburg

Ansprechpartner: Kevin Schröder
Abteilung: Vertrieb

Telefon: 040 / 65 72 8-78
Telefax: 040 / 65 72 8-100
E-Mail: kevin.schroeder@gastro-smid-wvd.de
Internet: www.gastro-smid-wvd.de

Datum: 10.09.20..

RECHNUNG

Rechnungs-Nr.: 2270-09
Lieferdatum: 03.09.20..

Menge	ME	Bezeichnung	Preis	Gesamt
60	100	Recyclingbecher, 0,2 l, mit Logo „taufrisch“	5,00 €	300,00 €
10	Pakete	Geschirrspülmittel und Klarspüler	4,00 €	40,00 €
60	100	Servietten	0,80 €	48,00 €
60	100	Trinkhalme	1,00 €	60,00 €
			Betrag netto	448,00 €
			Umsatzsteuer 19 %	85,12 €
			Gesamtbetrag	**533,12 €**

Zahlbar sofort, rein netto, ohne Abzug.

Unsere Steuernummer: 08/230/45678

per Bank bezahlt 15.09.20..

Günter Smid GmbH
Wandsbeker Zollstr. 38
22041 Hamburg

Telefon 040 / 65 72 8-0
Telefax 040 / 65 72 8-100
info@gastro-smid.wvd.de
www.gastro-smid.wvd.de

COMMBANK
IBAN: DE16 2005 0000 0281 6818 00
BIC: COMMDEHHXXX

Geschäftsführer:
Günter Smid
Amtsgericht Hamburg
Handelsregister B 13458

Abb.: 135.1: fotolia.com, New York (Tasosk)

Monat September 20.. / Beleg-Nr. ________

Gastrozubehör **Smid**

Günter Smid GmbH • Wandsbecker Zollstr. 38 • 22041 Hamburg

taufrisch
Tina Fröhlich
Graf-Anton-Weg 71
22459 Hamburg

Ansprechpartner:	Kevin Schröder
Abteilung:	Vertrieb
Telefon:	040 / 65 72 8-78
Telefax:	040 / 65 72 8-100
E-Mail:	kevin.schroeder@gastro-smid-wvd.de
Internet:	www.gastro-smid-wvd.de
Datum:	03.09.20..

RECHNUNG

Rechnungs-Nr.: 2260-09
Lieferdatum: 01.09.20..

Pos.	Menge	ME	Bezeichnung	Preis	Gesamt
1	1	1	**Motorblock GT95 230V 800W für Standmixer Gastronom GT95 #** Motorgehäuse aus hochwertigem, verchromtem Zink-Druckguss. Spezieller, hochtemperaturbeständiger Kollektormotor mit einer Dauerleistung vom 800 Watt und einer Spitzenleistung bis 1.000 Watt. Stufenlos regelbar von 600 bis 14.000 U/Min.	970,00 €	970,00 €
2	1	1	**Mixaufsatz** Edelstahl zu Rotor-Standmixer mit Spezial-Messerkopf und speziell geformtem Messer aus rostfreiem Spezial-Messerstahl. Höchste Standfestigkeit mit 4 Schneiden für optimales Zerkleinern, Pürieren, Mischen, Rühren und Emulgieren	350,00 €	350,00 €
				Betrag netto	1.320,00 €
				Umsatzsteuer 19 %	250,80 €
				Gesamtbetrag	**1.570,80 €**

Zahlbar sofort, rein netto, ohne Abzug.

Es handelt sich um einen Einführungs-/Messe-Sonderpreis. Der Originalpreis beträgt 1.940,00 € (Pos. 1) bzw. 700,00 € (Pos. 2).

Unsere Steuernummer: 08/230/45678

Günter Smid GmbH
Wandsbeker Zollstr. 38
22041 Hamburg

Telefon 040 / 65 72 8-0
Telefax 040 / 65 72 8-100
info@gastro-smid.wvd.de
www.gastro-smid.wvd.de

COMMBANK
IBAN: DE16 2005 0000 0281 6818 00
BIC: COMMDEHHXXX

Geschäftsführer:
Günter Smid
Amtsgericht Hamburg
Handelsregister B 13458

Abb.: 137.1: fotolia.com, New York (Tasosk)

minijob zentrale

taufrisch
Tina Fröhlich
Graf-Anton-Weg 71
22459 Hamburg

Anlage zum Kontoauszug

Gesamtabgabenberechnung
(basierend auf den erfassten Daten)

Monat: **September 20..**

(die nachstehend aufgeführten monatlichen Gesamtabgaben können Sie in den Beitragsnachweis übernehmen)

Prozentsätze	Beitragsgruppen	Abzuführende Beiträge	Beiträge
13,0	6000	zur Krankenversicherung	156,00 €
15,0	0500	zur Rentenversicherung	180,00 €
19,9	0100	voller Beitrag zur Rentenversicherung	0,00 €
0,77	U	Umlagen	9,24 €
2,0	ST	einheitliche Pauschsteuer	24,00 €
		zu zahlender Gesamtbetrag:	**369,24 €**

Arbeitnehmeranteile bei Rentenaufstockung (vom Lohn einzubehalten): 0,00 €

darauf entfallen für:		
1. Minijobber	Simon Schumacher	123,08 €
2. Minijobber	Alina Rauh	153,85 €
3. Minijobber	Maria Goldbek	92,31 €
4. Minijobber	Arbeitnehmer	0,00 €
5. Minijobber	Arbeitnehmer	0,00 €
6. Minijobber	Arbeitnehmer	0,00 €
7. Minijobber	Arbeitnehmer	0,00 €
8. Minijobber	Arbeitnehmer	0,00 €
9. Minijobber	Arbeitnehmer	0,00 €
10. Minijobber	Arbeitnehmer	0,00 €
	Gesamtbetrag	**369,24 €**

MJZE 09/20..

Minijob-Zentrale, 45115 Essen · Service-Center: 0355 2902 70799 · Fax 0201 384 979797 · minijob@minijob-zentrale.de

Knappschaft Bahn See

Immobilienverwaltung Steffen
Büros · EKZ · Läden

Warteneu 12 · 22089 Hamburg · Tel. (040)4155-58 · www.immo-steffen.de

Immobilienverwaltung Steffen • Warteneu 12 • 22089 Hamburg

taufrisch
Tina Fröhlich
Graf-Anton-Weg 71
22459 Hamburg

Ihr Zeichen:
Ihre Nachricht:
Unser Zeichen:
Unsere Nachricht:

Ansprechpartner: Jens Steffen
E-Mail: info@immo-steffen.de
Telefon: (040) 4155-58

Hamburg, 03.09.20..

Rechnungsnummer 09-1011

Miete für die Standfläche im EKZ Hamburg West für den Monat September 20..	1.300,00 €
Gesamtpreis netto	1.300,00 €
19 % MwSt.	247,00 €
Endbetrag	1.547,00 €

Die Rechnung wurde maschinell erstellt und ist nicht unterschrieben.

Fernruf (040)4155-58
Telefax (040)32139
www.immo-steffen.de

Bankverbindung
IBAN: DE72 2004 0000 1805 5000 00
BIC: COMMDEHHXXX

Unsere Steuernummer: 09/431/56789
Handelsregister-Nr. A 6224 beim Amtsgericht Hamburg
Erfüllungsort und Gerichtsstand für beide Teile Hamburg

Norddeutsche Leasing GmbH

Leasinggesellschaft für Industrie und Handel
Kieler Str. 345 · 22525 Hamburg

NDL · Kieler Str. 345 · 22525 Hamburg

taufrisch
Tina Fröhlich
Graf-Anton-Weg 71
22459 Hamburg

Telefon (040) 5107340
Fax (040) 5113607
www.NDL-Hamburg.de

03.09.20..

Rechnungsnummer 09-1450

Für das Leasing Ihrer Geschäftsausstattung im Monat September 20.. berechnen wir:

Verkaufstresen mit Kühlung und Geschirrspüler		250,00 €
Saftpresse „Gastro" einschl. Zubehör		50,00 €
Regalwand mit abschließbaren Glastüren und Beleuchtung		75,00 €
	Rechnungsbetrag netto	375,00 €
	19 % MwSt.	71,25 €
	Endsumme	**446,25 €**

Bitte überweisen Sie den Betrag auf das angegebene Konto.

Unsere Steuernummer: 54/183/87654
Bankverbindung: Hamburger Sparkasse · IBAN: DE53 2005 0550 1295 1243 57
Amtsgericht Hamburg · Handelsregister Nr. B 9090 · Geschäftsführerin Anneliese Teichert

taufrisch
Säfte & mehr

taufrisch • Graf-Anton-Weg 71 • 22459 Hamburg

Kinderstube
Eimsbüttel
Bismarckstr. 98
20359 Hamburg

Tina Fröhlich
Graf-Anton-Weg 71
22459 Hamburg

Telefon: 040/5524433
Telefax: 040/5524448
E-Mail: Tina@taufrisch-wvd.de
Internet: www.taufrisch-wvd.de

Kunden-Nr.: 10.200 Lieferschein-Nr.: 09-1.1–5 Datum: 30.09.20..

Rechnung Nr. 09-1

Vielen Dank für Ihren Auftrag!
Im September 20.. erhielten Sie zu den Ihnen bekannten Lieferungs- und Zahlungsbedingungen:

Anzahl	Einheit	Artikelbezeichnung	Einzelpreis	Gesamtpreis
50	Liter	Apfelsaft	6,00 €	300,00 €
75	Liter	Orangensaft	6,80 €	510,00 €
				810,00 €
			19 % USt	153,90 €
				963,90 €

Bitte überweisen Sie den Rechnungsbetrag innerhalb von 10 Tagen auf mein Bankkonto.

Steuer-Nr.: 54/041/26200

IBAN: DE08 2001 0069 1216 4578 69
BIC: HANSDEHHXXX

Tele Hamburg GmbH

Ihre Rechnung

Tele Hamburg GmbH
20357 Hamburg, Margaretenstr. 34

578/1!1/025887/23//22679 **09.20..** **0,55 €**

Firma
taufrisch
Tina Fröhlich
Graf-Anton-Weg 71
22459 Hamburg

Datum	20.09.20..
Seite	1 von 2
Kundennummer	1450280904
Rechnungsnummer	9695687412
Buchungskonto	0405524433
Haben Sie noch fragen zu Ihrer Rechnung?	Sie erreichen Ihren Kundenservice unter:
Telefon	freecall 0800 130 1020
Telefax	freecall 0800 130 10200

Ihre Rechnung für September 20..

Die Leistungen im Überblick (Summen)	Beträge
Monatliche Beträge	19,99 €
Verbindungen Tele Hamburg	25,12 €
Beträge anderer Anbieter	13,67 €
Sonstige Leistungen der Tele Hamburg	2,30 €
Nettobetrag	61,08 €
Umsatzsteuer 19 %	11,61 €
Rechnungsbetrag	**72,69 €**

Bitte begleichen Sie den offenen Rechnungsbetrag
innerhalb einer Woche auf das angegebene Konto.

Ihre Rechnung im Detail und weitere Hinweise finden Sie auf der Rückseite und den folgenden Seiten.

Vielen Dank!

Tele Hamburg GmbH
Postanschrift
Margaretenstr. 34
20357 Hamburg

Bankverbindung
IBAN: DE69 2001 0020 2032 1420 20
BIC: PBNKDEFFXXX

Steuernummer 205/5777/0518
Amtsgericht Hamburg
Handelsregister-Nr. B 14569
Geschäftsführer Peter Förster

Abb.: 147.1: fotolia.com, New York (kraska)

taufrisch
Säfte & mehr

Anlage zum Kontoauszug

Gehaltsliste für den Monat September 20..

Name	Tätigkeit	Betrag	Auszahlungstermin	Zahlungsweise
Simon Schumacher	Aushilfe	400,00	29.09.20..	Bank
Alina Rauh	Aushilfe	500,00	29.09.20..	Bank
Maria Goldbek	Aushilfe	300,00	29.09.20..	Bank

taufrisch
Säfte & mehr

Kassenbuch
Monat September 20..

Lfd. Nr.	Datum	Text	Einzahlungen (+)	Auszahlungen (−)	Saldo	Gegen-kontonr
	01.09.	Anfangsbestand			1.335,52 €	
1	05.09.	Laufkundschaft Woche 1	1.789,00 €		3.124,52 €	
2	06.09.	Diesel-Kraftstoff		60,00 €	3.064,52 €	
3	07.09.	Bankeinzahlung		2.000,00 €	1.064,52 €	
4	12.09.	Laufkundschaft Woche 2	2.235,00 €		3.299,52 €	
5	14.09.	Bankeinzahlung		2.000,00 €	1.299,52 €	
6	19.09.	Laufkundschaft Woche 3	3.563,00 €		4.862,52 €	
7	21.09.	Bankeinzahlung		4.000,00 €	862,52 €	
8	26.09.	Laufkundschaft Woche 4	3.743,00 €		4.605,52 €	
9	28.09.	Bankeinzahlung		4.000,00 €	605,52 €	
10	30.09.	Laufkundschaft Woche 5	1.094,00 €		1.699,52 €	

Entgegen den Vorschriften sind die Tageseinnahmen wochenweise zusammengefasst, damit nicht so viele gleichlautende Buchungen erledigt werden müssen.

Belege Jahresabschluss

Auf den nachfolgenden Seiten sind die Belege abgedruckt, die anlässlich des Jahresabschlusses bei *tau-frisch – Säfte & mehr* angefallen sind.

Die Buchführung ist auf dem Laufenden, d. h., alle Geschäftsvorfälle des Monats Dezember sind gebucht. Der aktuelle Stand der Buchführung ist entweder dem Hauptbuch zu entnehmen, die Konten enthalten alle die Jahresverkehrszahlen (JVZ) Dezember, oder der Summen- und Saldenliste (SuSa). Auch die beigefügte betriebswirtschaftliche Auswertung bezieht sich auf den aktuellen Stand der Buchführung, d. h. vor dem Abschluss.

Unter www.westermann.de sind die eingerichteten Finanzbuchführungen (Lexware und DATEV) zu finden, die sich ebenfalls auf dem laufenden Stand der Buchführung befinden. Web

taufrisch
Säfte & mehr

Hauptbuch – Abschluss
Monat Dezember 20..

Seite 01

Soll — Maschinen — Haben

Soll		Haben	
JVZ Dez.	1.320,00		

Soll — Fuhrpark/Pkw — Haben

Soll		Haben	
JVZ Dez.	6.045,00		

Soll — BGA — Haben

Soll		Haben	
JVZ Dez.	1.200,00		

Soll — Warenbestand/Rohstoffbestand — Haben

Soll		Haben	

Soll — Hilfsstoffbestand — Haben

Soll		Haben	

Soll — Forderungen a. LL. — Haben

Soll		Haben	
JVZ Dez.	12.168,94	JVZ Dez.	9.674,70

Soll — Vorsteuer — Haben

Soll		Haben	
JVZ Dez.	6.176,52		

Soll — Kasse — Haben

Soll		Haben	
JVZ Dez.	71.434,02	JVZ Dez.	70.281,50

Soll — Bank — Haben

Soll		Haben	
JVZ Dez.	76.062,45	JVZ Dez.	57.174,86

Soll — Eigenkapital — Haben

Soll		Haben	
		JVZ Dez.	1.000,00

Soll — Verbindlichkeiten ggü. Kreditinst. — Haben

Soll		Haben	
JVZ Dez.	500,00	JVZ Dez.	6.000,00

Soll — Verbindlichkeiten a. LL. — Haben

Soll		Haben	
JVZ Dez.	42.917,10	JVZ Dez.	48.161,17

Soll — Umsatzsteuer — Haben

Soll		Haben	
		JVZ Dez.	13.188,70

Soll — USt-Vorauszahlung — Haben

Soll		Haben	
JVZ Dez.	5.626,30	JVZ Dez.	87,75

Soll — Erlöse 19 % — Haben

Soll		Haben	
		JVZ Dez.	69.414,26

Soll — Wareneingang 7 %/Rohstoffe 7 % — Haben

Soll		Haben	
JVZ Dez.	28.324,30		

Soll — Wareneingang 19 %/Hilfsstoffe 19 % — Haben

Soll		Haben	
JVZ Dez.	1.733,00		

Soll — Bestandsveränderungen — Haben

Soll		Haben	

taufrisch
Säfte & mehr

Hauptbuch – Abschluss
Monat Dezember 20..

Soll		Aushilfslöhne u. Abg.			Haben
	JVZ Dez.	9.415,44			

Soll		Fahrzeugkosten			Haben
	JVZ Dez.	1.391,19			

Soll		Miete			Haben
	JVZ Dez.	7.800,00			

Soll		Bürobedarf			Haben
	JVZ Dez.	190,00			

Soll		Telefon			Haben
	JVZ Dez.	393,42			

Soll		Leasingaufwendungen			Haben
	JVZ Dez.	2.150,00			

Soll		Zinsaufwendungen			Haben
	JVZ Dez.	77,26			

Soll		Sonstige Aufwendungen			Haben

Soll		Sonstige Erträge			Haben

Soll		Kfz-Steuer			Haben
	JVZ Dez.	58,00			

Soll		Abschreibungen			Haben

Soll		GuV			Haben

Soll		SBK			Haben

taufrisch Dezember

Summen und Salden (pro Monat) Dezember 20..

Blatt 1

Alle bebuchten Konten

Konto Beschriftung	EB-Wert	Dez 20.. Soll	Haben	kum. Werte Soll	Haben	Saldo
400 Technische Anlagen und Maschinen				1.320,00		1.320,00 S
520 Pkw				6.045,00		6.045,00 S
690 Sonstige Betriebs-u.Gesch.ausstattung				1.200,00		1.200,00 S
Summe Klasse 0	0,00			8.565,00		8.565,00 S
	0,00					0,00
1200 Forderungen aus Lieferungen u.Leistung		2.494,24	1.915,90	12.168,94	9.674,70	2.494,24 S
1401 Abziehbare Vorsteuer 7%		343,07		1.982,72		1.982,72 S
1406 Abziehbare Vorsteuer 19%		345,82		4.193,80		4.193,80 S
1460 Geldtransit		11.300,00	11.300,00	60.300,00	60.300,00	0,00
1600 Kasse		11.050,00	11.362,00	71.434,02	70.281,50	1.152,52 S
1800 Bank		13.215,90	9.926,70	76.062,45	57.174,86	18.887,59 S
Summe Klasse 1	0,00	38.749,03	34.504,60	226.141,93	197.431,06	28.710,87 S
	0,00					0,00
2000 Festkapital (EK)					1.000,00	1.000,00 H
Summe Klasse 2	0,00				1.000,00	0,00
	0,00					1.000,00 H
3160 Verbindlichkeiten Kreditinstitut(1-5J)		500,00		500,00	6.000,00	5.500,00 H
3300 Verbindl. aus Lieferungen u. Leistungen		6.584,01	7.347,99	42.917,10	48.161,17	5.244,07 H
3806 Umsatzsteuer 19%			2.162,52		13.188,70	13.188,70 H
3820 Umsatzsteuer-Vorauszahlungen		1.196,19		5.626,30	87,75	5.538,55 S
Summe Klasse 3	0,00	8.280,20	9.510,51	49.043,40	67.437,62	5.538,55 S
	0,00					23.932,77 H
4400 Erlöse 19% USt			11.381,72		69.414,26	69.414,26 H
Summe Klasse 4	0,00		11.381,72		69.414,26	0,00
	0,00					69.414,26 H
5300 Wareneingang 7% Vorsteuer		4.901,00		28.324,30		28.324,30 S
5400 Wareneingang 19% Vorsteuer		50,00		1.733,00		1.733,00 S
Summe Klasse 5	0,00	4.951,00		30.057,30		30.057,30 S
	0,00					0,00
6030 Aushilfslöhne		1.569,24		9.415,44		9.415,44 S

■ Die Auswertung entspricht dem derzeitigen Stand der Buchführung.

Status 20..*FAO
Werte in: EUR

taufrisch Dezember

Blatt 2

Alle bebuchten Konten

Konto Beschriftung	EB-Wert	Dez 20.. Soll	Haben	kum. Werte Soll	Haben	Saldo
6310 Miete, unbewegliche Wirtschaftsgüter		1.300,00		7.800,00		7.800,00 S
6500 Fahrzeugkosten		52,10		1.391,19		1.391,19 S
6805 Telefon		93,00		393,42		393,42 S
6815 Bürobedarf				190,00		190,00 S
6840 Mietleasing bewegl. WG Betriebsausstatt.		325,00		2.150,00		2.150,00 S
Summe Klasse 6	0,00	3.339,34		21.340,05		21.340,05 S
	0,00					0,00
7300 Zinsen und ähnliche Aufwendungen		77,26		77,26		77,26 S
7685 Kfz-Steuern				58,00		58,00 S
Summe Klasse 7	0,00	77,26		135,26		135,26 S
	0,00					0,00
Summe Sachkonten	0,00	55.396,83	55.396,83	335.282,94	335.282,94	94.347,03 S
	0,00					

Die Auswertung entspricht dem derzeitigen Stand der Buchführung.

Status 20..*FAO

taufrisch
Säfte & mehr

Inventurliste

Lagerort/Filiale: ______________

Artikelgruppe: ______________

Artikelart: ______________

Kostenstelle: ______________

Seite: 1

Datum der Inventur: 31.12.20..

Artikelart	Mengeneinheit	Menge	Einzelwert*	Gesamtwert	Summe
Rohstoffe					
Bio-Saft-Orangen	kg	63	1,30 €	81,90 €	
Zitronen	St.	20	0,55 €	11,00 €	
Limetten	St.	12	0,55 €	6,60 €	
Grapefruits	kg	36	1,40 €	50,40 €	
Kiwi Gold Neuseeland	kg	30	4,00 €	120,00 €	
Äpfel Jonagold	kg	62	1,50 €	93,00 €	362,90 €
Hilfsstoffe					
Saftgläser 0,2 l	St.	142	2,00 €	284,00 €	
Mehrwegbehälter 1 l	St.	37	5,00 €	185,00 €	
Mehrwegbehälter 3 l	St.	28	7,50 €	210,00 €	
Recyclingbecher 0,2 l	100 St.	4	3,00 €	12,00 €	691,00 €
				Insgesamt:	**1.053,90 €**

* Die Werte ergeben sich aus den Einkaufspreisen des Monats Dezember.

Bitte jeweils eigenhändig unterschreiben!

angesagt: Alina Rauh

aufgeschrieben: Alina Rauh

gerechnet: Tina Fröhlich

Bitte keinen Übertrag bilden, sondern Zusammenfassung auf einem gesonderten Blatt vornehmen.

taufrisch
Säfte & mehr

OPOS-Liste Kreditoren
Sortierung Konto

Höchstes Buchungsdatum: 31.12.20..

Konto	Beschriftung	Re-Nr.	Datum	Fälligkeit	Gegen-konto*	Betrag Soll	Betrag Haben	Saldo
70000	Adams Fruchtimport, Hamburg	12.443	31.12.20..	08.01.20..		0,00	4.147,32	4.147,32 H
70100	Böhm, Obsthof, Stade	121-J	31.12.20..	14.01.20..		0,00	1.096,75	1.096,75 H
							Kreditoren gesamt:	**5.244,07 H**

* Bitte Konto-Nr. entsprechend verwendetem Kontenplan eintragen.

Kontoauszug	**Hanseatische Bank AG**		**Darlehenkonto**	
Kontonummer	Kontobezeichnung		Vortrag vom	Auszug Nr.
1216 4578 99	taufrisch – Säfte und mehr, Tina Fröhlich		01.01.20..	1
	Graf-Anton-Weg 71, 22459 Hamburg		Saldovortrag	0,00 € H

Buchungstag	Wertstellung	Erläuterungen	Belastungen/Gutschriften	
29.09.20..	30.09.20..	Auszahlung Darlehen	6.000,00 €	
31.12.20..	31.12.20..	Tilgung		500,00 €
IBAN: DE08 2001 0069 1216 4578 99 BIC: HANSDEHHXXX		Auszug vom:	31.12.20..	Neuer Saldo 5.500,00 € S

HANSEATISCHE BANK AG

Hanseatische Bank AG
Postfach 105530, 20038 Hamburg
Telefon 0180/3330000
Telefax 0180/3330099
www.hanseatische-bank.de
Steuer-Nr.: 27/190/13579

taufrisch
Säfte & mehr
Tina Fröhlich
Graf-Anton-Weg 71
22459 Hamburg

Telefon-Nummer für Rückfragen
0180 / 333 00 11

Personen-Nummer (1. Kontoinhaber)
81286245

Kontobezeichnung
KONTOKORRENT-KONTO
IBAN: DE08 2001 0069 1216 4578 69
BIC: HANSDEHHXXX

Kontoinhaber
Tina Fröhlich

Kontoauszug Nr. 5

Kontonummer	Währung	Auszugsdatum	Letzter Kontoauszug vom	Seite	Alter Kontostand
1216 457 689	€	31.12.20..	30.11.20..	1	15.598,39 €

Buchungstag	Wertstellung	Buchungstext/Verwendungszweck	Soll	Haben	Saldo
03.12.	03.12.	Norddt. Leasing GmbH, Leasing Geschäftsausstattung Dezember		386,75 €	15.211,64 €
03.12.	03.12.	Immobilienverwaltung Steffen, Miete Dezember		1.547,00 €	13.664,64 €
06.12.	06.12.	Bareinzahlung	1.200,00 €		14.864,64 €
08.12.	08.12.	Gutschrift Kinderstube Eimsbüttel, Rg.-Nr. 11-1	749,70 €		15.614,34 €
08.12.	08.12.	Gutschrift Fitness-Club Alstertal, Re. 11-2	1.166,20 €		16.780,54 €
08.12.	08.12.	Lastschrift Adams, Hamburg, Re. v. 30.11.		3.709,69 €	13.070,85 €
08.12.	08.12.	Lastschrift Obsthof, Böhm, Rg. v. 301.11.		770,40 €	12.300,45 €
13.12.	13.12.	Bareinzahlung	2.000,00 €		14.300,45 €
15.12.	15.12.	Lastschrift Finanzkasse Hamburg, USt-VZ November		1.196,19 €	13.104,26 €
15.12.	15.12.	Gastrozubehör Smid		59,50 €	13.044,76 €
20.12.	20.12.	Bareinzahlung	3.000,00 €		16.044,76 €
27.12.	27.12.	Lastschrift Knappschaft Bahn See, Beiträge Dez.		369,24 €	15.675,52 €
27.12.	27.12.	Bareinzahlung	2.500,00 €		18.175,52 €
29.12.	29.12.	Lastschrift Tele Hamburg, Rg. v. v. 20.12.		110,67 €	18.064,85 €
30.12.	30.12.	Überweisung Aushilfe Schumacher		400,00 €	17.664,85 €
30.12.	30.12.	Überweisung Aushilfe Rauh		500,00 €	17.164,85 €
30.12.	30.12.	Überweisung Aushilfe Goldbek		300,00 €	16.864,85 €
31.12.	31.12.	Bareinzahlung	2.600,00 €		19.464,85 €
31.12.	31.12.	Darlehentilgung		500,00 €	18.964,85 €
31.12.	31.12.	Darlehenzinsen		77,26 €	18.887,59 €
				Dispolimit	Neuer Kontostand
				2.500,00 €	18.887,59 €

taufrisch
Säfte & mehr

Anlagenkartei

Konto:		**Kontobezeichnung:**	BGA	
Inventar-Nr:	1	**Inventarbezeichnung:**	Schumann-Kassensystem	
AHK-Datum:	01.09.20..	**AfA-Beginn:**	01.09.20..	
AHK-Kosten:	1.200,00 €	**Voraussichtliche Nutzungsdauer:**	Jahre	Monate
Wiederbesch.-Kosten	1.380,00 €		5	60
AfA-Art	linear	**AfA-%:**	20	

Abschreibungsplan	**Anzahl der Monate**	**Höhe der AfA**	**Buchwert**
1. Jahr	4	80,00 €	1.120,00 €
2. Jahr	12	240,00 €	880,00 €
3. Jahr	12	240,00 €	640,00 €
4. Jahr	12	240,00 €	400,00 €
5. Jahr	12	240,00 €	160,00 €
6. Jahr	8	160,00 €	0,00 €
	60	**1.200,00 €**	

taufrisch
Säfte & mehr

Anlagenkartei

Konto:		Kontobezeichnung:	Fahrzeuge	
Inventar-Nr:	1	Inventarbezeichnung:	VW-Polo, gebraucht	
AHK-Datum:	30.09.20..	AfA-Beginn:	01.09.20..	
AHK-Kosten:	6.045,00 €	Voraussichtliche Nutzungsdauer:	Jahre	Monate
Wiederbesch.-Kosten	7.632,00 €		3	36
AfA-Art	linear	AfA-%:	33 1/3	

Nutzungsdauer nur 3 Jahre, da gebraucht

Abschreibungsplan	Anzahl der Monate	Höhe der AfA	Buchwert
1. Jahr	4	672,00 €	5.373,00 €
2. Jahr	12	2.015,00 €	3.358,00 €
3. Jahr	12	2.015,00 €	1.343,00 €
4. Jahr	8	1.343,00 €	0,00 €
	36	**6.045,00 €**	

taufrisch
Säfte & mehr

Zählprotokoll

Die Zählung des Kassenbestandes wurde durchgeführt von:

Herrn/Frau Simon Schumacher

Einheit in €	Anzahl in Stück	Gesamtbetrag in €	Zwischensumme in €
Scheine			
500,00	0	0,00	
200,00	0	0,00	
100,00	1	100,00	
50,00	11	550,00	
20,00	12	240,00	
10,00	8	80,00	
5,00	13	65,00	1.035,00
Münzen			
5,00	0	0,00	
2,00	18	36,00	
1,00	47	47,00	
0,50	23	11,50	
0,20	36	7,20	
0,10	43	4,30	
0,05	24	1,20	
0,02	9	0,18	
0,01	14	0,14	107,52
		Gezählter Bargeldbestand insgesamt:	**1.142,52 €**

Unterschrift, Datum: Simon Schumacher, 31. 12. 20..

taufrisch
Säfte & mehr

OPOS-Liste Kunden

Sortierung Konto

Höchstes Buchungsdatum: 31.12.20..

Konto	Beschriftung	Re-Nr.	Datum	Fälligkeit	Gegen-konto*	Betrag Soll	Betrag Haben	Saldo
10100	Fitness-Club Alstertal	12-2	31.12.20..	10.01.20..		1.494,64	0,00	1.494,64 S
10200	Kinderstube Eimsbüttel	12-1	31.12.20..	10.01.20..		999,60	0,00	999,60 S
							Debitoren gesamt:	**2.494,24 S**

* Bitte Konto-Nr. entsprechend verwendetem Kontenplan eintragen.

taufrisch
Säfte & mehr

Anlagenkartei

Konto:		Kontobezeichnung:	Technische Anlagen und Maschinen	
Inventar-Nr.	1	Inventarbezeichnung:	Standmixer Gastronom GT95	
AHK-Datum:	01.09.20..	AfA-Beginn:	01.09.20..	
AHK-Kosten:	1.320,00 €	Voraussichtliche Nutzungsdauer:	Jahre	Monate
Wiederbesch.-Kosten	1.500,00 €		5	60
AfA-Art	linear	AfA-%:	20	

Abschreibungsplan	Anzahl der Monate	Höhe der AfA	Buchwert
1. Jahr	4	88,00 €	1.232,00 €
2. Jahr	12	264,00 €	968,00 €
3. Jahr	12	264,00 €	704,00 €
4. Jahr	12	264,00 €	440,00 €
5. Jahr	12	264,00 €	176,00 €
6. Jahr	8	176,00 €	0,00 €
	60	**1.320,00 €**	

Kontoauszug		Hanseatische Bank AG	Darlehenkonto	
Kontonummer	Kontobezeichnung		Vortrag vom	Auszug Nr.
1216 4578 99	taufrisch – Säfte und mehr, Tina Fröhlich		01.01.20..	1
	Graf-Anton-Weg 71, 22459 Hamburg		Saldovortrag	0,00 € H
Buchungstag	Wertstellung	Erläuterungen	Belastungen/Gutschriften	
29.09.20..	30.09.20..	Auszahlung Darlehen	6.000,00 €	
31.12.20..	31.12.20..	Tilgung		500,00 €
IBAN: DE08 2001 0069 1216 4578 99		Auszug vom: 31.12.20..	Neuer Saldo	
BIC: HANSDEHHXXX		Ihr Dispolimit: 2.500,00 €	5.500,00 € S	

taufrisch
Säfte & mehr

GEWINN- UND VERLUSTRECHNUNG
vom 01.07.20.. bis 31.12.20..

taufrisch – Säfte & mehr
Inhaberin Tina Fröhlich
Graf-Anton-Weg 71, 22459 Hamburg
Steuer-Nr. 54/041/26200

		EUR	EUR
1.	**Umsatzerlöse**		
2.	**Materialaufwand**		
3.	**Personalaufwand**		
4.	**Abschreibungen**		
5.	**Sonstige betriebliche Aufwendungen**		
6.	**Zinsen und ähnliche Aufwendungen**		
7.	**Ergebnis der gewöhnlichen Geschäftstätigkeit**		
8.	**Sonstige Steuern**		
9.	**Jahresüberschuss**		

taufrisch
Säfte & mehr

BILANZ
zum 31.12.20..

taufrisch – Säfte & mehr, Inhaberin Tina Fröhlich, Graf-Anton-Weg 71, 22459 Hamburg
Steuer-Nr. 54/041/26200

Aktiva		**Bilanz zum 31.12.20..**			**Passiva**
		EUR			**EUR**
A)	**Anlagevermögen**		**A)**	**Eigenkapital**	
1.			**B)**	**Verbindlichkeiten**	
2.			1.		
3.			2.		
B)	**Umlaufvermögen**		3.		
1.					
2.					
3.					
4.					
5.					
6.					

taufrisch
Säfte & mehr

Kanzlei-Rechnungswesen V.7.2 31.12.20..

taufrisch Dezember Kurzfristige Erfolgsrechnung Dezember 20.. Blatt 1

SKR 04 BWA-Nr. 1 BWA-Form DATEV-BWA Wareneinsatz K51

Bezeichnung	Dez/20..	% Ges.-Leistg.	% Ges.-Kosten	% Pers.-Kosten	Aufschlag	Jul/20.. Dez/20..	% Ges.-Leistg.	% Ges.-Kosten	% Pers.-Kosten	Aufschlag
Umsatzerlöse	11.381,72	100,00				69.414,26	100,00			
Best. Verdg. FE/UE	0,00					0,00				
Akt. Eigenleistungen	0,00					0,00				
Gesamtleistung	11.381,72	100,00	340,84	725,30		69.414,26	100,00	324,40	737,24	
Mat./Wareneinkauf	4.951,00	43,50	148,26	315,50	100,00	30.057,30	43,30	140,47	319,23	100,00
Rohertrag	6.430,72	56,50	192,57	409,80	129,89	39.356,96	56,70	183,93	418,00	130,94
So. betr. Erlöse	0,00					0,00				
Betriebl. Rohertrag	6.430,72	56,50	192,57	409,80	129,89	39.356,96	56,70	183,93	418,00	130,94
Kostenarten:										
Personalkosten	1.569,24	13,79	46,99	100,00		9.415,44	13,56	44,00	100,00	
Raumkosten	1.300,00	11,42	38,93	82,84		7.800,00	11,24	36,45	82,84	
Betriebl. Steuern	0,00					58,00	0,08	0,27	0,62	
Versich./Beiträge	0,00					0,00				
Besondere Kosten	0,00					0,00				
Kfz-Kosten (o. St.)	52,10	0,46	1,56	3,32		1.391,19	2,00	6,50	14,78	
Werbe-/Reisekosten	0,00					0,00				
Kosten Warenabgabe	0,00					0,00				
Abschreibungen	0,00					0,00				
Reparatur/Instandh.	0,00					0,00				
Sonstige Kosten	418,00	3,67	12,52	26,64		2.733,42	3,94	12,77	29,03	
Gesamtkosten	3.339,34	29,34	100,00	212,80		21.398,05	30,83	100,00	227,27	
Betriebsergebnis	3.091,38	27,16				17.958,91	25,87			
Zinsaufwand	77,26	0,68				77,26	0,11			
Sonst. neutr. Aufw	0,00					0,00				
Neutraler Aufwand	77,26	0,68				77,26	0,11			
Zinserträge	0,00					0,00				
Sonst. neutr. Ertr	0,00					0,00				
Verr. kalk. Kosten	0,00					0,00				
Neutraler Ertrag	0,00					0,00				
Kontenkl. unbesetzt	0,00					0,00				
Ergebnis vor Steuern	3.014,12	26,48				17.881,65	25,76			
Steuern Eink.u.Ertr	0,00					0,00				
Vorläufiges Ergebnis	3.014,12	26,48				17.881,65	25,76			

■ Das vorläufige Ergebnis entspricht dem derzeitigen Stand der Buchführung. Abschluss/Abgrenzungsbuchungen können es noch verändern.

Status 20..*FAM
Werte in: EUR

Unternehmens-modelle und Kontenpläne

Unternehmensmodell Industrie

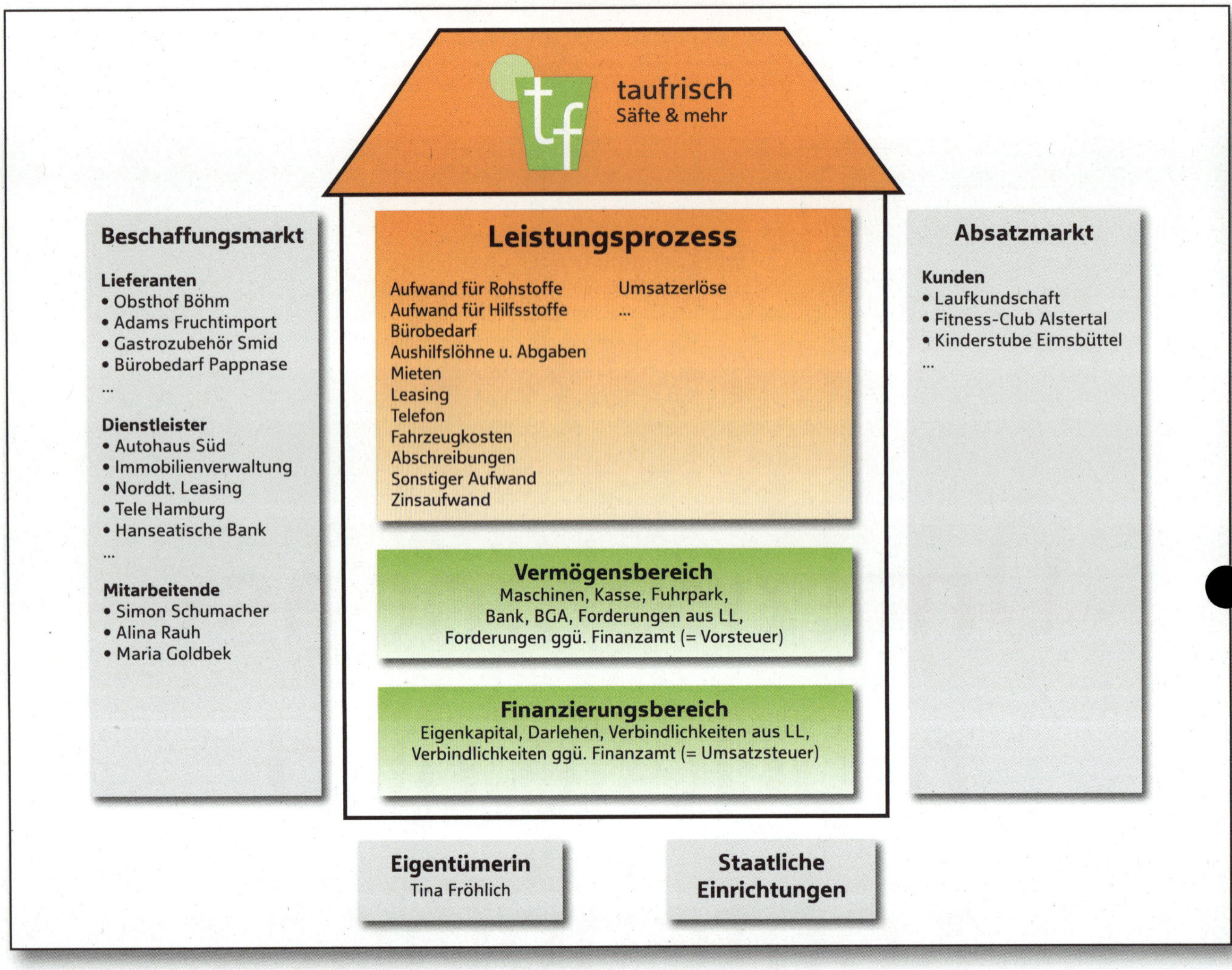

Kontenplan Industrie

taufrisch Säfte & mehr

Kontenplan Industrie

Konten nach IKR

Name des Kontos	Konto-Nr.
Abschreibungen auf Sachanlagen	6520
Anlagen und Maschinen, technische	0700
Aufwendungen für Hilfsstoffe	6020
Aufwendungen für Rohstoffe	6000
Aushilfslöhne und Abgaben	6200
Bank	2800
Betriebs- und Geschäftsausstattung	0800
Bürobedarf	6800
Eigenkapital	3000
Fahrzeugkosten	6840
Forderungen a. LL.	2410
Fuhrpark	0840
Geldtransit	2660
Hilfsstoffe (Bestand)	2020
Kasse	2880
Kraftfahrzeugsteuer	7030
Leasingaufwendungen	6710
Mieten	6700
Rohstoffe/Fertigungsmaterial Bestand	2000
Sonstige Aufwendungen	6940
Sonstige Erträge	5430
Telefon	6830
Umsatzerlöse	5000
Umsatzsteuer	4800
Umsatzsteuer-Vorauszahlungen	4810
Verbindlichkeiten a. LL.	4410
Verbindlichkeiten ggü. Kreditinstituten (Darlehen)	4230
Vorsteuer	2600
Zinsaufwendungen	7510

Personenkonten

Kunden (Debitoren)

Name des Kontos	Konto-Nr.
Fitness-Club Alstertal	10100
Kinderstube Eimsbüttel	10200

Lieferanten (Kreditoren)

Name des Kontos	Konto-Nr.
Adams Fruchtimport, Hamburg	70000
Autohaus Süd, Hamburg	70010
Böhm, Obsthof, Stade	70100
Norddeutsche Leasing GmbH, Hamburg	71400
Pappnase, Alles für das Büro, Hamburg	71500
Smid, Gastrozubehör, Hamburg	71800
Steffen, Immobilienverwaltung, Hamburg	71850
Tele Hamburg GmbH	71900

Konto Geldtransit wird nur benötigt, wenn nach Rechnungskreisen gebucht wird.

Unternehmensmodell Handel

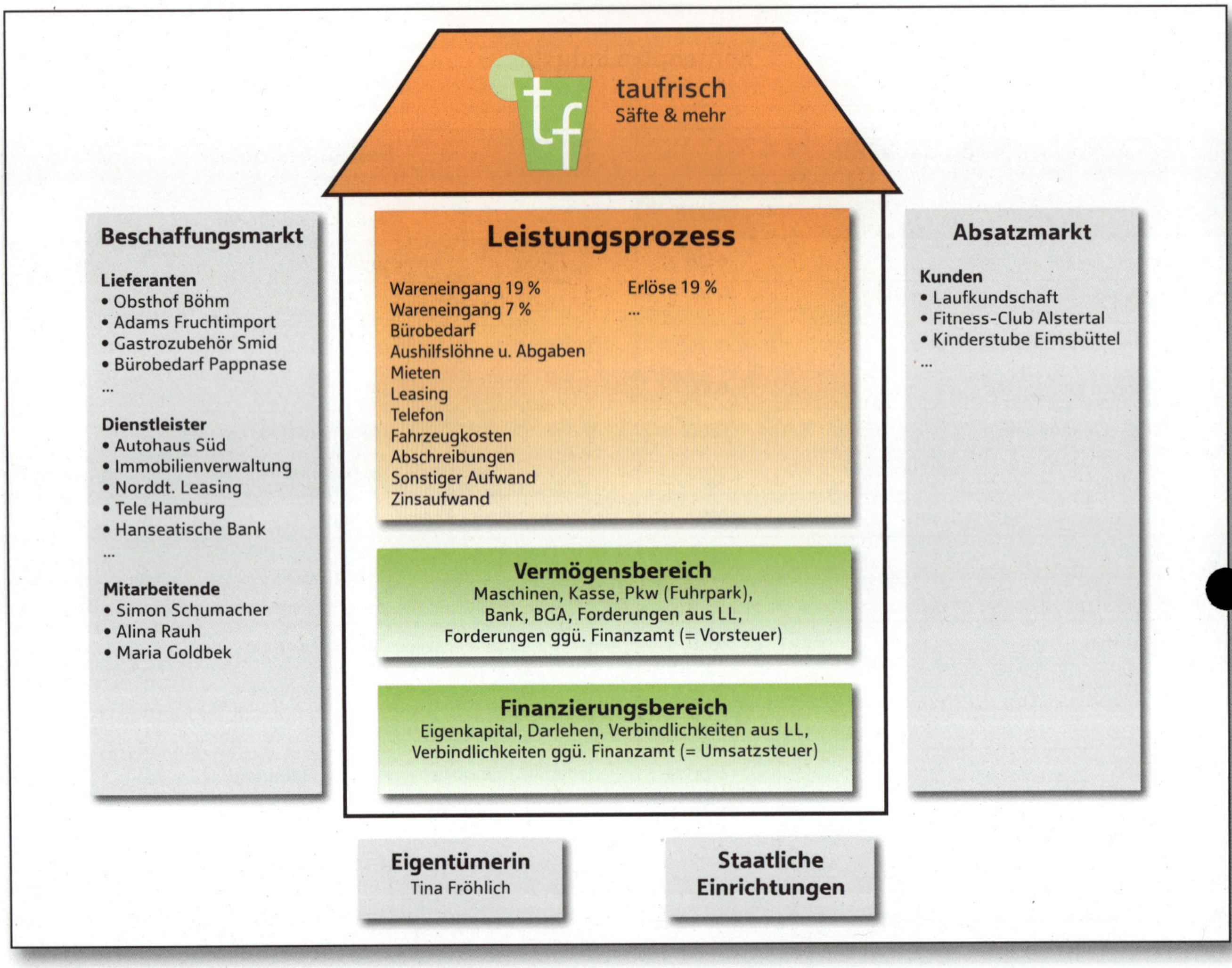

Kontenplan Handel

taufrisch
Säfte & mehr

Kontenplan Handel

Konten nach DATEV

	SKR 03		SKR 04	
Name des Kontos	**St.-Schl./ Funktion**	**Konto-Nr.**	**St.-Schl./ Funktion**	**Konto-Nr.**
Abschreibungen auf Sachanlagen		4830		6220
Anlagen und Maschinen, technische	9(0)	0200	9(0)	0400
Aushilfslöhne und Abgaben		4190		6030
Bank		1200		1800
Bestandsveränderungen		3960		5880
Betriebs- und Geschäftsausstattung, sonstige	9(0)	0490	9(0)	0690
Bürobedarf	9(0)	4930	9(0)	6815
Eigenkapital		0880		2010
Erlöse 19 %	AM	8400	AM	4400
Fahrzeugkosten	9(0)	4500	9(0)	6500
Forderungen a. LL.		1410		1210
Geldtransit		1360		1460
Kasse		1000		1600
Kraftfahrzeugsteuer		4510		7685
Leasingaufwendungen	9(0)	4965	9(0)	6840
Miete	9(0)	4210	9(0)	6310
Pkw (Fuhrpark)	9(0)	0320	9(0)	0520
Sonstige (betriebliche) Aufwendungen		2300		6300
Sonstige (betriebliche) Erträge		2700		4830
Telefon	9(0)	4920	9(0)	6805
Umsatzsteuer		1770		3800
Umsatzsteuer-Vorauszahlungen		1780		3820
Verbindlichkeiten a. LL.		1610		3310
Verbindlichkeiten ggü. Kreditinstit. (Darlehen)		0640		3160
Vorsteuer		1570		1400
Warenbestand		3980		1140
Wareneingang 19 %	AV	3400	AV	5400
Wareneingang 7 %	AV	3300	AV	5300
Zinsaufwendungen		2100		7300

Personenkonten

Kunden (Debitoren)

Name des Kontos	Konto-Nr.
Fitness-Club Alstertal	10100
Kinderstube Eimsbüttel	10200

Lieferanten (Kreditoren)

Name des Kontos	Konto-Nr.
Adams Fruchtimport, Hamburg	70000
Autohaus Süd, Hamburg	70010
Böhm, Obsthof, Stade	70100
Norddeutsche Leasing GmbH, Hamburg	71400
Pappnase, Alles für das Büro, Hamburg	71500
Smid, Gastrozubehör, Hamburg	71800
Steffen, Immobilienverwaltung, Hamburg	71850
Tele Hamburg GmbH	71900

Konto Geldtransit wird nur benötigt, wenn nach Rechnungskreisen gebucht wird.